内蒙古文化景观遗产数字化研究与实践

郭 沁 赵泽雨 著

中国纺织出版社有限公司

内 容 提 要

本书以内蒙古文化景观遗产为研究对象，依据联合国教科文组织颁布的《实施保护世界文化和自然遗产公约操作指南》中的文化景观遗产识别标准，选取喇嘛洞召、锡拉木伦庙等为案例研究区域，通过地面三维激光扫描测量、无人机近景摄影测量和地面控制点等数字化测绘技术获取相关数据，并从自然山水、建筑要素、景观序列等方面分别对文化景观遗产要素进行系统性解析，进而运用文化景观遗产相关理论及数字孪生理论构建内蒙古文化景观遗产保护与利用的信息技术方法框架体系，为今后研究内蒙古文化景观遗产奠定坚实的基础。

图书在版编目（CIP）数据

内蒙古文化景观遗产数字化研究与实践 / 郭沁，赵泽雨著 . -- 北京：中国纺织出版社有限公司，2024.7
ISBN 978-7-5229-1623-1

Ⅰ. ①内… Ⅱ. ①郭… ②赵… Ⅲ. ①自然景观—文化遗产—数字化—研究—内蒙古 Ⅳ. ① K928.702.6

中国国家版本馆 CIP 数据核字（2024）第 070386 号

责任编辑：李立静　段子君　　特邀编辑：周亚纯
责任校对：王蕙莹　　　　　　　责任印制：储志伟

中国纺织出版社有限公司出版发行
地址：北京市朝阳区百子湾东里 A407 号楼　邮政编码：100124
销售电话：010—67004377　传真：010—87155801
http://www.c-textilep.com
中国纺织出版社天猫旗舰店
官方微博 http://weibo.com/2119887771
河北延风印务有限公司印刷　各地新华书店经销
2024 年 7 月第 1 版第 1 次印刷
开本：880×1230　1/32　印张：3.75
字数：88 千字　定价：99.90 元

凡购本书，如有缺页、倒页、脱页，由本社图书营销中心调换

序言1

随着现代科技的日新月异，我们在文化遗产的保护与传承方面面临着前所未有的机遇与挑战。在这一背景下，《内蒙古文化景观遗产数字化研究与实践》一书应运而生，其所展现的研究深度与广度充分彰显了学术研究的严谨性与创新性，研究内容及结果具有深远的实践意义。

从学术创新性角度看，本书在方法论上实现了显著突破。它首次系统性地将三维数字化测绘技术、信息技术等前沿科技手段应用于内蒙古自治区文化景观遗产的研究，构建了一个全面、深入且富有创新性的分析框架。这一框架不仅有助于我们更精确地理解文化景观的空间形态和历史演变，还为文化遗产保护领域提供了新的研究视角和工具。

在实践应用方面，本书同样具有深刻意义。内蒙古自治区拥有丰富的文化景观遗产，这些遗产不仅承载着深厚的历史文化底蕴，还是当地经济社会发展的重要资源。运用本书所提出的信息技术方法框架可以更加科学、有效地保护和利用内蒙古自治区珍贵的文化遗产。这不仅有助于提升内蒙古自治区的文化影响力和旅游吸引力，还能促进文化产业与相关领域的融合发展，为当地经济可持续发展注入新的活力。

本书的研究成果对于文化遗产保护的各个领域具有重要的借鉴和参考价值。其所构建的信息技术方法框架可以为文化遗产保护的相关工作提供有益的经验和启示，推动文化遗产保护事业不断向前发展。

《内蒙古文化景观遗产数字化研究与实践》一书不但在学术上具有创新性，而且在实践应用方面具有重要意义。它的出版将为文化遗产保护领域带来新的思考和启示，为推动该领域的持续发展做出积极贡献。

内蒙古农业大学林学院风景园林学科带头人

教授、硕士研究生导师

内蒙古风景园林学会副理事长

段广德

2023 年 12 月 6 日

序言2

  文化遗产是中华民族文化的结晶，也是中华文化多元一体文化格局的实物见证。内蒙古自治区地域辽阔，不同草原民族在此世代繁衍，形成厚重历史文化积淀，造就了博大精深的文化遗产。对内蒙古自治区文化景观遗产内涵价值的挖掘、记录与传播是提升国家文化软实力、构筑中华民族共有精神家园的重要举措。

  郭沁博士是从事文化景观遗产信息方面研究的优秀青年学者，内蒙古自治区文化遗产空间信息解析一直是他执着扩展的研究方向。而《内蒙古文化景观遗产数字化研究与实践》一书也是他在这一研究方向所沉淀的阶段性科研成果之一，其以全新的视角和实践方法探寻这些文化景观遗产的艺术之美和保护之道。

  细观本书内容，《内蒙古文化景观遗产数字化研究与实践》不仅是一部学术著作，更是一本实践指南。它通过信息技术的方法，将那些古老的、静止的、甚至濒临消逝的文化遗产转化为生动的、可感知的艺术作品。这些作品不仅具有历史价值，还具有艺术魅力，它们激发了我们的想象，唤醒了我们的审美意识。

  值得一提的是，本书所构建的信息技术方法框架正是基于实践的探索和创新。通过运用先进的数字化测绘技术、信息技术等手段，我们不仅能够精确地记录和呈现文化景观的空间形态和历史信息，还能够深入挖掘其艺术内涵和文化价值。这种实践性的研究方法不仅增强了我们对文化景观遗产的认知和理解，还为其保护与利用提供了有力的方法参考。

  作为文化遗产数字化的研究者，我相信《内蒙古文化景观遗产数字化研究与实践》一书的出版不仅可以为文化遗产保护领域带来新的思考和启示，还可以为我们探寻文化遗产的艺术再现提供资源基础与路径支撑。

内蒙古师范大学设计学院副院长
副教授、硕士研究生导师
内蒙古文物学会文旅融合与文创开发专业委员会副会长
高颂华
2023 年 12 月 28 日

前 言

内蒙古自治区，横亘中国北疆的辽阔地域，自古以来便是北方游牧民族的摇篮，诸多民族在这片土地上留下了厚重的文化印记和珍贵的物质文化遗产。这些宝贵的遗产如今已成为全人类共同的文化景观。

《内蒙古文化景观遗产数字化研究与实践》致力于探讨如何运用现代信息技术手段有效保护和利用内蒙古自治区的文化景观遗产，通过对锡拉木伦庙、喇嘛洞召等典型案例的深入研究，构建基于三维数字化测绘技术的文化景观遗产保护与利用方法框架。

本书展示了如何通过地面三维激光扫描、无人机近景摄影测量等先进技术，从复杂的文化景观中提取精确的三维信息，进而构建高保真的三维模型和实景模型。在此基础上，本书进一步探讨了如何利用这些三维数据对文化景观遗产进行深入解析。而通过对自然山水、建筑要素、景观序列等的系统分析，我们能够更加全面、准确地理解遗产的历史文化内涵和艺术价值。最后，本书结合文化景观遗产保护与利用的本质特征以及景观设计学理论构建了信息技术方法框架体系。这一框架旨在通过整合各种信息技术手段，为内蒙古自治区文化景观遗产的保护与利用提供科学、有效的解决方案。

我们希望通过本书的研究和探索为内蒙古自治区乃至全国的

文化景观遗产保护与利用工作提供新的思路和方法，推动这一领域的理论和实践不断向前发展。同时，我们也期待更多的学者和专家能够关注这一领域，共同为保护和传承我们的文化遗产贡献智慧和力量。

郭沁　赵泽雨

2023 年 11 月 24 日

于内蒙古师范大学逸夫楼 606 工作室

目 录

第一章 文化景观遗产概念解析及国内外研究进展 ……… 1

    第一节 文化景观遗产概念解析 ……………… 1

    第二节 文化景观遗产保护的国内外研究进展 … 6

第二章 文化景观遗产数字化的理论溯源与实践案例 ……… 11

    第一节 建筑信息模型理论的起源与发展 ……… 11

    第二节 数字化测量技术与文化遗产 …………… 19

    第三节 数字化信息模型与文化遗产 …………… 31

    第四节 文化遗产三维数字化研究案例 ………… 42

第三章 内蒙古文化景观遗产数字化研究背景 ……… 53

    第一节 内蒙古文化景观遗产史略 ……………… 53

    第二节 内蒙古文化景观遗产的价值 …………… 55

    第三节 数字化技术为保护内蒙古文化景观遗产带来机遇 …………………………………… 56

第四章　内蒙古文化景观遗产数字化测量工作的实施 …… 59

第一节　工作背景及主要目标 …… 59
第二节　测量内容及数字化测量技术选择 …… 60
第三节　数据获取与处理 …… 67

第五章　内蒙古文化景观遗产空间信息解析 …… 71

第一节　锡拉木伦庙 …… 71
第二节　喇嘛洞召 …… 75
第三节　乌素图召 …… 79
第四节　赵北长城 …… 81

第六章　内蒙古文化景观遗产数字化信息模型构建 …… 83

第一节　循证分析 …… 83
第二节　科学推演 …… 90
第三节　技术方案构建 …… 92

第七章　结语 …… 95

参考文献 …… 103

第一章　文化景观遗产概念解析及国内外研究进展

第一节　文化景观遗产概念解析

《保护世界文化和自然遗产公约》（以下简称《世界遗产公约》）第一条指出，文化景观遗产属于文化遗产，代表着"自然与人的共同作品"。它们反映了因物质条件的限制和/或自然环境带来的机遇，在一系列社会、经济和文化因素的内外作用下，人类社会和定居地的历史沿革。

《实施保护世界文化和自然遗产公约操作指南》（以下简称《操作指南》）中将文化景观分为三类。

一、由人类有意设计及建筑的景观

这是最容易被识别的一种景观，其中包含出于美学原因建造的园林和公园景观，它们经常（但不总是）与宗教或其他纪念性建筑物或建筑群有联系。

根据《操作指南》中对由人类有意设计及建筑的景观的相关定义，可将其分为三个子类：

1. 园林类景观（Garden Landscape）

例如：英国伦敦的基尤皇家植物园——邱园（the Royal Botanic Gardens, Kew）。邱园位于泰晤士河南岸的景观带中，其人与自然的互动主要体现在园内 18～20 世纪间一系列重要的景观设计和建筑的发展。

2. 田园类景观（Parkland Landscape）

例如：捷克的莱德尼采—瓦尔季采文化景观（Lednice-Valtice Cultural Landscape）、德国的德绍—沃尔利茨园林王国（Garden Kingdom of Dessau-Wörlitz）等。相比园林类景观，田园类文化景观具有以下显著特征：①占地面积大，规模远远大于普通园林：如莱德尼采—瓦尔季采文化景观占地约 200 平方千米，德绍—沃尔利茨园林王国占地约 145 平方千米；②自然、文化元素较园林类景观更为丰富：田园类文化景观均具有为数众多的园林、城堡、桥梁等人造物，并且显著依存于各类自然要素，如山峦、森林、湖泊等；③具有活态的人文因素：这些大规模的文化景观区域中往往包含了农田、村庄甚至城镇，相较于一般的园林，人不仅是外在于景观的参观者，更是密切融于景观之中的参与者、管理者和保护者。

3. 宗教类文化景观

例如：波兰的卡瓦利泽布日多夫斯津朝圣园（Kalwaria Zebrzydowska: the Mannerist Architectural and Park Landscape Complex and Pilgrimage Park）与意大利的皮埃蒙特及伦巴第圣山（Sacri Monti of Piedmont and Lombardy）。其中，与一般的圣山，如我国的泰山和日本的富士山不同，皮埃蒙特及伦巴第圣山本身并不具备神圣性，它被称作圣山是因为山上有众多的基督教建筑。也就是说，该景观的突出价值主要体现在这些宗教建筑与自然环境的结合上，而非自然环境与宗教信仰的关联上。

二、有机进化的景观

有机进化的景观产生于最初始的一种社会、经济、行政以及宗教需要，并通过与周围自然环境的联系或适应而发展到目前的形式。这种景观反映了其形式和重要组成部分的进化过程。它们又可分为两类：

1. 残遗物（化石）景观

它代表过去某一时间内已经完结的进化过程，它的结束为突发的或渐进的。它们之所以具有突出、普遍价值在于其显著特点在实物上且为持续性景观。例如：阿富汗的巴米扬山谷的文化景观和考古遗迹（Cultural Landscape and Archaeological Remains of the Bamiyan Valley）、英国的布莱纳冯工业区景观（Blaenavon Industrial Landscape）、古巴东南第一座咖啡种植园考古风景区（Archaeological Landscape of the First Coffee Plantations in the South-East of Cuba）等。

2. 持续性景观

它在与传统生活方式相连的社会中保持一种积极的社会作用，而且其自身演变过程仍在进行，同时它又是历史演变发展的重要物证。有的表现人类对特殊环境的征服利用，如意大利的韦内雷港、五村镇以及沿海群岛（Portovenere, Cinque Terre and the Islands）见证了当地人征服陡峭的海岸地区并长期在此定居的历史；有的反映特殊生产方式，如菲律宾科迪勒拉山的水稻梯田（Rice Terraces of the Philippine Cordilleras）是在陡峭山区进行可持续水稻种植的典范；有的见证多元文化传统，如尼日利亚的苏库尔文化景观（Sukur Cultural Landscape）反映了苏库尔人的政治和经济结构；有的体现和谐栖居，通常具有美丽的自然风景，如延绵约67千米的莱茵河中上游河谷（Upper Middle Rhine Valley）。

三、关联性文化景观

将这类景观列入《世界遗产名录》是因为其体现了强烈的与自然、宗教、艺术或文化的关联，而不仅是实体的文化物证，后者对它来说并不重要，甚至是可以缺失的。例如：马达加斯加的安布希曼加的皇家蓝山行宫（Royal Hill of Ambohimanga）、津巴布韦的马托博山（Matobo Hills）、新西兰的汤加里罗国家公园（Tongariro National Park）与澳大利亚的乌鲁鲁—卡塔丘塔国家公园（Uluru-Kata Tjuta National Park）等。

文化景观属于文化遗产，正如《世界遗产公约》第一条所述，它们是"人类与大自然的共同杰作"。文化景观见证了人类社会和居住地在自然限制和/或自然环境的影响下随着时间的推移而产生的进化，也展示了社会经济以及文化外部和内部的发展力量。

文化景观选择的依据包括其突出的普遍价值、在特定地理文化区域中的代表性，以及体现这些地区核心和独特文化元素的能力。"文化景观"一词包含了人类与其所在的自然环境之间互动的多种表现。

考虑到其所处自然环境的局限性和特点，文化景观通常能够反映可持续利用土地的特殊技术，反映了人类与大自然的特定精神关系。保护文化景观有利于将可持续土地使用技术现代化，保持或提升景观的自然价值。传统土地使用形式的持续存在支持了世界大多数地区的生物多样性，因此，对传统文化景观的保护也有益于保持生物多样性。

在过去20年的世界遗产保护领域，文化景观的保护不仅在发展速度上拔得头筹，还被认为是最前沿的整体保护和发展的方法论。虽然各国对景观概念的理解仍存有偏差，但对于景观作为"人与自然相互作用的方式和结果的记录"的核心理解正日益达成共识，这一共识正在成为全球景观议题的认知基础，并迅速向政治、经济、文化、环境等各领域拓展，将景观作为"未来生活的目标蓝图"展开了一场"景观运动"或"景观革命"。然而，这场运动在全球各地区推进的速度并不一致，景观的地区性成为一个突出重点因素，其影响了全球景观事业的整体发展战略。

目前，景观议题更着重结合政治、政策和社会发展，面向未来目标，在理论上寻求更高层面的哲学支撑，在实践上讲求实效性、多样性和可行性，寻求更强的政策平台、文化平台。从2000年《欧洲风景公约》（European Landscape Convention）的成功推行和实施，至2011年国际风景园林师联合会《全球风景公约》（Global Landscape Convention）在联合国教科文执行局受阻，至少说明以下三个问题。第一，景观不再仅仅是一个文化议题，景观保护和发展正在成为一项国策。第二，景观议题存在全球地区的不平衡性，这种地域差异阻碍了景观运动全球推进的可行性和进程。先行的欧洲对景观的关注和对策的实施显然远远超越了世界其他地区。这种差异不仅体现在认知上，还集中体现在景观体系的发展程度及相关政策法制上。第三，联合国教科文组织目前显然更倾向于具有实效性的、可执行的方案，而不仅仅是笼统的认识上的统一。因此，2011年联合国教科文组织通过了《关于城市历史景观的建议书》（Recommendation on the Historic Urban Landscape）。较之公约，该文书强制性较弱，但具有更清晰的定位、方法论及行动计划，以期让各国政府结合自身方针政策灵活实施。

无论是《全球风景公约》还是《关于城市历史景观的建议书》，或是《佛罗伦萨景观宣言》（Florence Declaration on Landscape），背后都有一个力推诸项文件的主角——世界遗产中心。因此，虽然这些文件宣称"超越了遗产保护"，但其实质是在景观遗产认知和保护基础上的提升和拓展，对景观遗产的历史认识和保护是所有未来景观发展和行动纲领的根本基础。

第二节　文化景观遗产保护的国内外研究进展

目前，我国对于文化景观遗产数字化的研究较偏向于探索一条适应我国现状的技术道路，对于相关理论的研究及方式方法体系的涉猎较少，对于少数民族地区文化景观遗产数字化的探索几乎处于空白。未来，我国应针对不同地域的现实情况与历史文化建立不同的数字化保护方法体系。

一、国外文化景观遗产数字化保护相关实践

20世纪80年代末，日本开始进行建筑遗产数字化实践。经过二十多年的发展，欧美及日本地区已有多方面的研究与实践，可以为我国文化景观遗产数字化研究提供借鉴。

杨晨、韩晓蓉（2020）通过对澳大利亚巴拉瑞特全球首个"城市历史景观"的系统概述，总结出其对于我国城市历史景观数字化的启示及可借鉴的方法。蒋怡辰、卢航（2020）以米兰广域市为例，通过梳理其农业发展的历史沿革，探讨其新型农庄的产业振兴，研究其农业历史、发展模式及其相应管理策略，并学习米兰经验，为中国相关的农业旅游、乡村景观、都市农业发展及文化遗产保护等提供参考。

目前，国外对于文化景观遗产数字化保护的实践较为丰富，对于三维扫描技术的研究较为深入、体系较为完善且每一个国家都致力于研究一套与该地文化、历史及自然环境等因素相适宜的保护措施，这为我国文化景观遗产数字化研究提供了可靠的实践经验、理论体系及技术支持。

二、国内文化景观遗产研究现状

国内目前与本研究相关的研究主要有以下两个方面：一方面是对文化景观遗产概念及相关条款、规定等内容的解读；另一方面是对文化景观遗产数字化保护的实践。

1. 对数字化景观遗产概念及相关条款、规定等内容的解读

郭黛姮（2006）基于"文物建筑是历史信息载体"的概念，认为在重建的文物建筑身上应体现出历史的可读性和可识别性。为了"不破坏原有遗迹"而满足某种重建的需求时，只能采取现代的新技术手段，保存遗迹，将重建的非文物性的新建筑跨于其上。韩锋（2010）通过对《世界遗产公约》的认识与解读，指出文化景观不仅仅是文化遗产的一个具体类别，还为缩小世界遗产领域中自然与文化之间的差距做出较大贡献，阐明了中国作为文化景观大国的现时机遇、潜在贡献及对国家遗产预备名单的应对方法。王毅（2012）根据《操作指南》中对文化景观的分类方式，探讨每一类文化景观突出普遍价值标准的使用情况，指出判定文化景观遗产的关键在于它反映的人与自然环境之间的互动是否具有突出普遍价值，并对三类文化景观的三大分类进行了全面阐述。史艳慧、代莹、谢凝高（2014）对文化景观的学术源流及其作为文化遗产亚类的确立和变化过程进行反思，厘清文化景观学术概念和相关方法论的发展演变，进而为世界文化景观遗产的保护管理等实践问题提供理论指导。毕雪婷、韩锋（2017）透过后现代的视角探析文化景观的本质与内涵——文化景观是"观看方式"和"文化实践"，进而了解对文化景观进行遗产价值判断和价值选择的标准和准则，并总结出了其价值解读方式。罗婧、韩锋（2021）对2005~2011年与城市历史景观计划相关的各种世界遗产委员会大会、专家会议等做了简要回顾，并结合其他相关的城市保护宪章、公约等，分析城市历史景观发展的历史脉络，讨论了历史城

市景观概念的变化，并简要概述了历史城市景观的历史及相关理论。任伟、杨晨（2021）根据联合国教科文组织的官方文件及要求，分析了选择该文化景观遗产的原因，突出普遍价值、完整性、真实性与有机演进遗迹类文化景观的关系，首次从中国视角提出有机演进遗迹类文化景观认定的三个层级，对中国有机演进遗迹类文化景观研究有一定的启示作用。

2. 文化景观遗产数字化保护的实践

曹礼刚、王绪本、马丽丽等（2008）根据金沙遗址的探测数据及考古文献资料建立计算机交互式古代三维祭祀场景的思路和实现的途径与方法，并利用虚拟现实建模语言（VRML）技术和Java（一种计算机编程语言）技术实现了互动的虚拟三维祭祀场景。刘千里、李春友、柳瑞武等（2009）提出了基于多基线数字近景摄影测量系统获得的点云数据来实现园林古建筑三维建模的方法。以保定古莲花池不如亭三维重建为例，从多基线数字近景摄影测量系统工作原理人手，阐明了获取点云数据的过程和方法，为古典园林建筑物修缮提供了数据支持。薛彩霞、杨威、张璟（2011）以苏州园林为研究对象，通过对三维激光扫描技术在园林三维数字测绘中的方法和数据处理过程进行研究，实现复杂的古典园林数字化精准测绘，该方法对有效保护我国丰富的园林文化遗产起到非常重要的作用。宋俊华、王明月（2015）通过数据库建设、数字化技术应用以及大数据可视化分析，为非物质类文化遗产的保护提供了强大且高效的技术支持，但当前数字化保护存在"重技术、轻文化"的现象。杨晨（2016）对各个案例的景观要素、管理需求和数字化技术应用进行分析和归纳，并通过与建筑信息模型（Building Information Model，BIM）和景观信息模型（Landscape Information Model，LIM）理论框架的比较初步探讨了历史景观信息模型（Heritage Landscape Information Model，HLIM）的内涵，为我国遗产景观的现代化管理做出积极贡献，并为相关数字化技术的研发提供了参考。戴代新、金雅萍、齐承雯（2017）以上海复兴公园为研究对象，通过分析文档工作问题提出相应对策，探讨信息开放共享的上海近代公园信息系统构建方法。孙政、曹永康（2017）通过与测量控制点的拟合度比较、与激光扫描所得模型的距离计算和截面比较三种方法，对无人机超低空摄影测量在西藏吉祥多门塔三维重建中的精度进行了分析，并对点云数据在建筑遗产分析中的应用以及不同测量方法的适用范围进行了讨论。刘通、黎展荣（2018）通过阐述无人机三维重建技术的概念、技术流程和技术优势，以及该技术在风景园林设计中的应用、该技术与风景园林设计教学的结合方式，展示了以无人机三维重建现状模型为结合点，风景园林设计、教学与前沿科学技术的融合。杨晨、韩锋（2018）对上海豫园黄石大假山的空间特征进行定量化研究，综合利用数字近景摄影测量、激光雷达扫描及点云可视化等信息采集技术收集空间信息并创建三维数字模型。李鹏昊（2019）基于无人机测绘技术，以 BIM 技术为基础，建立了具有时间、空间、声音及图像的历史建筑信息模型，并在宁夏银川市拜寺口双塔进行尝试，进一步讨论无人机遥感技术在古建筑测绘中的实现方式，研究历史建筑信息模型（Historic Building Information Model，HBIM）的古建筑的族库构建与模型搭建。

我国目前对于相关理论、规定等资料解读的文献较为丰富，将美国、澳大利亚等国家对于文化景观遗产数字化的实践经验、技术方法进行了本土化转化并应用于建筑文物保护领域，但相关实践多为古典园林的空间信息记录与可视化的研究，针对具有文化特色、地域特色的文化景观遗产数字化保护的实践较少。

三、内蒙古文化景观遗产保护现状

内蒙古自治区地域广阔、地理环境独特、文化景观遗产较为丰富、民族特色浓郁，特别是辽金元清时期文化景观、文物大量遗存。基于此基础，对于不可移动的文化景观遗产的保护手段应向现代化、多元化发展。

2008年3月，内蒙古自治区搭建起文物保护单位基础信息与地理信息管理平台，主要使用遥感技术、地理信息技术、全球定位系统（GPS）技术以及网络地理信息系统（WebGIS）技术等。该网站的建立仅仅是针对文物进行文档式管理、录入，并且该系统只针对文物保护及不可移动文物，而没有涉及文化景观遗产。

基于上述现状，内蒙古自治区对于文化景观遗产数字化的研究还待完善，应探索一条适用于该地区的保护方法。

四、总结

就目前的研究来看，文化景观学术研究在遗产价值判识和保护管理策略制定方面具有重要的借鉴意义。第一，文化景观的学术研究注重人地关系，而人地关系恰恰是作为文化遗产亚类的文化景观的突出普遍价值所在，对人地关系的判识与把握是判识文化景观价值的核心。第二，文化景观的学术研究关注文化景观的过程。每一个作为文化遗产亚类的文化景观的个体都有自己的演化过程。在这个过程中，每一代人都是在前人活动的结果上对其进一步改造并交由后代继续作用于其上。因此，在考虑其保护问题时，必须以这个文化过程作为观察和分析的基础，对遗产遗存的价值认知要结合当时的时代及地域特征，从整个演化过程着眼来判识其价值。第三，过程性的认识视角也意味着我们所面对的世界遗产文化景观只是一个阶段性结果，它的演化仍在进行中，通过对这一过程的分析，可以更好地把握其演化规律，这样才能更好地应对由于发展而带来的挑战。因此，立足于对世界遗产文化景观形成过程的分析，结合基于过程的价值判识制定合理的策略，是文化景观遗产保护的有效途径。

第二章 文化景观遗产数字化的理论溯源与实践案例

第一节 建筑信息模型理论的起源与发展

自 2002 年信息模型理论首次在建筑领域提出并应用，十余年间，该理论先后扩展至历史建筑遗产、风景园林、遗产景观等领域（图 2-1）。随着三维数字时代的发展，各建筑信息模型理论的应用尺度范围和其中包含的构建要素内容不断扩充，所涉及的技术手段也愈加丰富、先进。本文将按时间发展顺序，梳理建筑信息模型理论的起源与发展。

一、早期建筑信息模型理论

20 世纪 70 年代末，建筑信息化的研究就已出现，直至 2002 年，才由美国欧特克（Autodesk）公司正式提出建筑信息模型（BIM）的概念。早期建筑信息模型理论的提出主要基于时代信息化的发展与建筑市场的驱动力。

20 世纪 50 年代，计算机辅助设计（Computer Aided Drawing，CAD）作为图板的替代品开始兴起，该技术解决了建筑领域设计人员手工绘图和修改易出错的问题，大大节省了人力物力，计算机打印的施工图也逐渐适应建筑市场的需求。然而，CAD 平台"辅助绘图"的能力使最终呈现的图纸仅包含所绘项目的图形信息，其他大量信息，如预算、材质、色彩、形态等，无法通过图纸表现出来，更无法对建筑性能、结构计算、施工进度进行分析和把控。所以，随着数字时代信息化的发展，建筑行业的信息化发展势在必行。

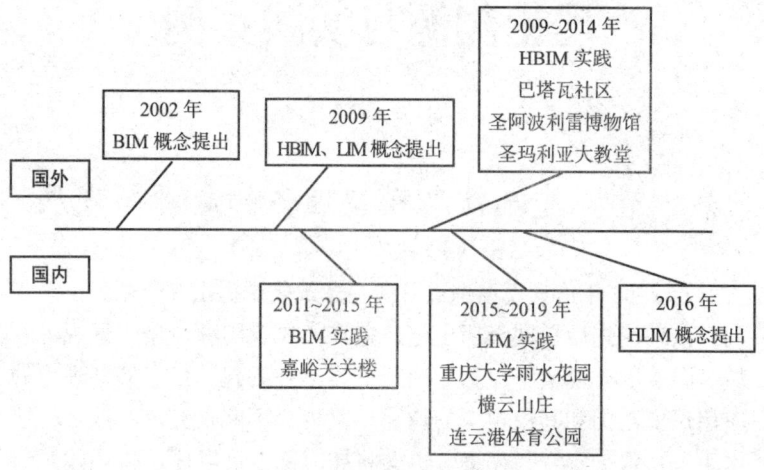

图 2-1 建筑信息模型理论的起源与发展

另外，建筑市场长期以来各生产环节之间缺乏协同，造成生产效率低下、出现重复工作、资源浪费严重、生产成本上升等问题。据美国商务部劳动统计局数据显示，1966~2003 年，美国建筑业生产效率按单位劳动完成新施工活动的合同额统计，平均每年下降 0.59%，而同时期美国非农业所有工业的生产效率平均每年上升 1.77%。每年占据国内原材料消耗、GDP 相当大比例的建设行业背后却是生产效率逐年下降，究其原因，是建筑行业中缺乏先进生产流程和技术应用，造成纸质图纸信息与计算机数据之间转换烦琐、生产效率低下等问题，严重影响了社会建设进程的顺利发展。

因此，建筑行业亟须一种可以集成所有数字化、信息化技术的平台和方法，以便有效将多源信息在同一平台中整合，为建设项目的不同阶段、不同参与方提供协同与共享的信息交流渠道，以高效、高质、节约地完成建设。此外，在城市化进程快速发展中，建筑行业还需注重建设与环境的平衡，应创建可持续的环境友好型发展模式。

2002年，最早的信息模型理论——建筑信息模型（BIM）在此背景下应运而生。在不断发展和检验过程中，2007年，美国国家BIM标准——国家建筑信息模型标准（NBIMS）已被明确制定且投入实施，作为一个完整的对BIM进行指导和规范的标准，它规定了基于光纤通信（FC）数据格式的建筑信息模型在不同行业之间的信息交互的要求（图2-2）。从本质上说，BIM是一个三维可视化多方协同数据库技术，其号召贯穿建设项目全生命周期的理念，在决策、设计、施工、运营、维护、拆除等阶段发挥作用，以解决建设项目信息数量庞杂、信息类型复杂、存储传播困难等问题。

BIM技术2002年被引入国内，目前我国BIM技术研究仍处于起步阶段，只在一些工程实施中得到应用（表2-1）。对于文化遗产项目的BIM应用来说，虽起步较晚，但仍有部分尝试。例如，李舒静（2014）针对文物建筑的信息采集方面，提出"类型树+结构树"的新型信息采集方法，进一步深化了不同细节层次的信息模型表达方式，以北京颐和园大戏台、甘肃嘉峪关关楼为例，分析BIM在文物建筑领域的信息管理和信息表达的可行性。

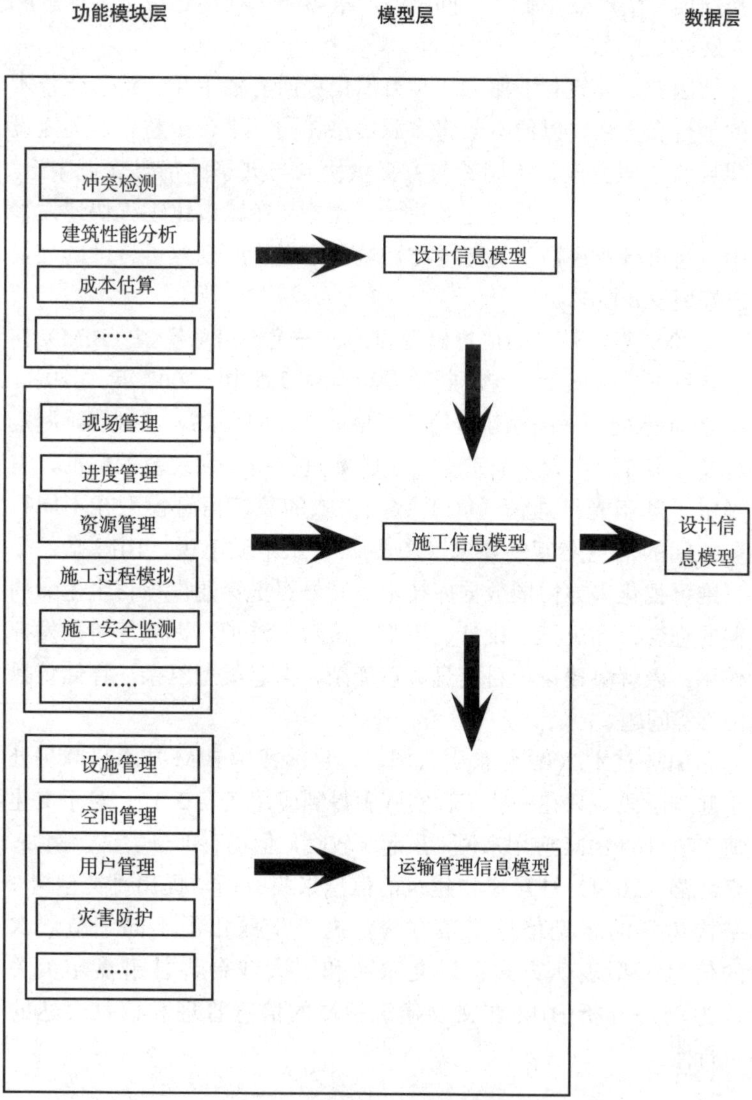

| 功能模块层 | 模型层 | 数据层 |

- 冲突检测
- 建筑性能分析
- 成本估算
- ……

→ 设计信息模型

- 现场管理
- 进度管理
- 资源管理
- 施工过程模拟
- 施工安全监测
- ……

→ 施工信息模型 → 设计信息模型

- 设施管理
- 空间管理
- 用户管理
- 灾害防护
- ……

→ 运输管理信息模型

图 2-2　BIM 全生命周期框架

第二章 文化景观遗产数字化的理论溯源与实践案例

表2-1 我国BIM项目应用

项目名称	项目典型特征	BIM主要应用部分/阶段	主要参与方	成效	存在问题
北京奥运会水立方	大型场馆、结构较为复杂	钢结构设计部分	上海悉地工程设计顾问股份有限公司	实现设计内容协同一致；缩短建设周期	需要制定统一的工作标准以及相互之间保持良好的沟通
上海中心大厦	超高层建筑、各个专业之间需要大量的协调	设计阶段，计划将在全寿命周期利用BIM推行工作	美国Gensler设计公司、同济大学建筑设计学院	3D模型有利于设计的深化、促使协同工作方式、精细化分工	数据之间的流通问题、不同阶段BIM软件的并行、兼容问题
上海世博会德国国家馆	建筑造型和空间关系复杂、体量大、建筑时间短	深化设计阶段	上海现代建筑设计（集团）有限公司	在不到六个月的时间内完成深化设计、得到德方肯定	BIM模型中的信息未能在建设运营阶段继续应用
上海世博会奥地利国家馆	空间关系较为复杂、曲面形式多样、专业协调量大	设计阶段	上海现代建筑设计（集团）有限公司	在很大程度上缩短了因设计变更导致的修改时间	各个专业之间协调工作配合问题
广州珠江城大厦	建筑结构复杂、超高层建筑	建筑设计、结构设计	美国SOM公司、广州市设计院集团有限公司	预先再现建筑物样貌、符合要求的钢结构、图纸的准确性	软件之间的兼容问题、相关工作之间的协调问题
银川火车站	钢架形式多样、空间形态复杂	3D建模、建筑结构设计	—	可视化空间实体建模	未做施工及运营管理工作
上海迪士尼乐园	迪士尼经典故事、卡通形象、城堡、花园等异形建筑较多	全寿命周期	上海申迪（集团）有限公司	节约建筑工程造价、提供运营管理需要的有效信息、打造乐园的独特魅力	实现各个参与者协同工作问题、项目管理方式选择问题

二、中期信息模型理论

BIM 是市场和技术发展的必然产物，在实际项目中，利用该模型对建设项目进行设计、对施工周期进行管理已逐渐成为趋势。BIM 理论提出的十年里，其带来的工作的便利、效率的提高、信息的高度共享、资源的节约等对于建筑行业的利好使国内外学者开始关注其在文化遗产领域和景观领域的应用。

BIM 的核心和基础是三维模型的建立，这是主要面向现代建筑从无到有线性发展的过程。然而，对于现存文化遗产这类图纸不全、形态不规则，甚至是顺应自然走势、极具艺术性的对象，利用手工测量、记录和现有 BIM 平台的数据库对其进行正向、逐一建模表达十分困难。20 世纪末，三维激光技术的发展为文化遗产的测量、记录、管理方式提供了逆向工程思路。该技术能够快速、非接触获取被测物体表面大量点的三维坐标和纹理等信息，通过软件复建出被测物的空间数据。该技术能够解决传统测量方式无法获取不规则物空间形态的问题，为文化遗产的三维信息获取提供了技术支持。BIM 理论提出七年后，在文化遗产测绘记录的需求和三维激光扫描技术快速发展的背景下，历史建筑信息模型（HBIM）在 2009 年被莫里斯·墨菲（Maurice Murphy）和尤金·麦戈文（Eugene McGovern）提出，这是一套基于历史建筑数据建立的标准参数化构件库，通过插入三维点云或二维图像等测绘数据完成建筑类文化遗产对象的参数化建模。其基本流程是：首先利用三维激光扫描或摄影测量技术等非接触获取目标文化遗产三维点云数据，其次利用这些数据在软件中生成模型并纹理映射生成实景网格模型，最后把已建成的 BIM 模型与之融合，并附加构造、材料等属性信息。目前，HBIM 在国外已有部分应用实践，如费伊（Fai）等（2011）以加拿大多伦多巴塔瓦 19 世纪工业遗产再利用方案为例，记录和保存工业遗产和规划信息；加拉尼亚尼（Garagnani）等（2013）以意大利拉维纳圣阿波利雷博物馆为例，利用莱卡扫描仪获取高精度点云并导入 Autodesk Revit Architecture 中实现博物馆中细部构建的参数化建模；奥雷尼（Oreni）等（2014）以意大利拉奎拉圣玛利亚大教堂为例，通过建立 BIM 模型支持已经毁坏构建保存和干预的设计，并使用 BIM 技术负责工程的结构模拟、分析和经济评价。

受到 BIM 的启发，哈佛大学欧文（Ervin）教授于 2009 年首次提出景观信息模型（LIM）理论，他认为 LIM 中应包括的景观六大核心要素为地形、植被、水体、构筑物、动物以及气候，其包含了景观的外物可视化和景观的非物质性层面。该理念是 BIM 在大尺度景观领域的拓展，与 BIM 在性质和概念上一脉相承，是包含景观建造项目规划、设计、施工、运营、维护等各阶段全生命周期所有信息的综合大型数据库。在一些国家，LIM 的应用已经有了实际的研究成果，例如，美国的须芒草（Andropogon）事务所设计的休梅克绿地，该项目通过风景园林信息化管理取得了良好的效果和收益。挪威风景园林师协会也于 2012 年制定了针对风景园林大型公共项目的 LIM 标准，为 LIM 技术与风景园林设计相结合实现了关键性的一步。目前国内的研究还处于探索阶段，邢天、李晓颖、孙新旺（2019）分析了 LIM 在风景园林设计中的应用，提出了 LIM 在实际项目不同阶段中的应用情况，即前期分析阶段——场地模拟与分析、方案设计阶段——协同优化设计、施工运营方案——土方量管理，并以连云港市刘志洲山体育公园为例探究了 LIM 在实际项目不同阶段中的应用。曹杰、朱蓉（2017）总结了 LIM 的内涵和组成应用的四大板块，即资料调研板块、规划设计板块、施工管理板块、维护管理板块，并以横云山庄为例，总结了无锡近代园林价值，探究适用于无锡近代园林可持续更新的景观信息模型。赖文波、杜春兰、贾铠针等（2015）以重庆大学校园雨水花园建造为例，对其建造过程中的设计方法、流程等方面进行全面分析,构建景观信息模型;以重庆大学B校区三角地改造为例,对整个三角地景观生产过程中的群体、场地、流程、软件等方面进行阐述与分析,构建景观信息模型。

三、近期信息模型理论

近年来,面对遗产景观的重要信息和价值在城市发展中逐渐消失的问题和文化景观方法论的推广实践,信息模型的理论继续在遗产景观领域扩展。

2016年,杨晨提出建立HLIM,将其界定为一个用于表现遗产景观的有形和无形要素信息的数字化信息集成平台。该理论认为,BIM和LIM的理念可以用于遗产景观保护,但HLIM的运作方式和构成要素却与以上两者有明显区别:①遗产景观信息管理最初的步骤不是"设计"而是遗产价值的识别;②遗产景观需要长久保存而不会面临拆除;③遗产景观不需要"建造"步骤;④遗产景观的构成要素复杂,包含自然要素、文化社会要素、感官审美要素等。该研究通过识别遗产景观要素清单,构建了物质要素和非物质遗产要素的初步概念框架,识别了旅游信息业、遗产景观本体、遗产景观管理团队三个类别的信息需求。从技术层面上讲,遗产景观数字化实践可以分为调查与记录、保护和管理以及解说和传播三个阶段,涉及多种数字技术的应用。

可以看出,HLIM的范围面向尺度更大、要素更多的遗产景观,该理论将遗产景观价值识别放在首位,关注其本体的同时还将非物质性遗产要素纳入考量范围,以期构建适用于我国遗产景观特色的信息化平台。

目前HLIM的研究还处于初级阶段,未见更多学者讨论及应用实例,本书对该信息模型结构不做后续分析。

第二节 数字化测量技术与文化遗产

测绘是对文化遗产对象的颜色、材质、损坏程度、风化情况等进行记录和表达，是对文化遗产的价值进行分析、评估、定义、界定的主要途径之一，有利于历史建筑、文化遗址和景观等文化遗产的保护、修复、保存、鉴定、监测、解析、管理等。除文字描述外，文化遗产的测绘方法主要分为传统测量和现代数字化测量两种。传统测量方法，如手绘图、照片、石膏模型、乳胶、湿纸、铅笔或蜡的摹拓等，虽然可对测绘对象进行记录，但所记录的内容和表达的效果不够客观，而且细节的详细程度、数据的准确度和全面性等方面均已不能满足当今文化遗产的保护和研究要求。利用现代先进的数字化测绘技术，不但可准确获得文化遗产的外观数据，对测量对象进行数字化记录和可视化表达，而且在测绘过程中无须与测量对象直接接触，不会对其造成破坏。近年来，数字化测绘技术的不断发展也促进了文化遗产领域的不断进步。例如，早在2001年，罗布森·布朗（Robson Brown）等人就将研究对象表面的细节测量作为考古数据搜集和调查工作的重要方面，利用三维实景模型来对研究对象的形状和尺度等方面进行高精度的测量、表达、管理和分析，彻底改变了岩石艺术类遗产的测量和记录工作。

如今，文化遗产的研究和保护工作越来越依赖数字化媒介，人们利用现代数字化测量技术开展的工作也越来越多。例如，有的研究通过摄影测量和激光扫描等技术获得遗产对象精确的三维模型，然后通过分析其三维数据达到分析遗产对象的目的。有的研究通过采集遗产对象的三维数据，提取遗产对象的精确三维信息，并获得遗产对象的量化指标，如材质的色度值或材质的反射值等。有的研究通过对数字化测绘适用的各种软件程序的研究和利用，促进文化遗产在数据的获取、对象的几何和材质方面的处理、三维信息的重建、遗产对象的视觉重现等方面的进步，以及实现测绘技术的不断发展。

目前，应用于文化遗产的现代数字化测绘技术在类型上主要包括基于光学和基于测距两种，在方法上主要包括近景摄影测量和三维激光扫描测量等技术，或将不同技术结合使用。每种测绘方法都有优势和劣势，不同的文化遗产对象所适用的测绘技术也不同，应对测绘对象进行多元素分析后选择适合的测绘技术和方法。本节将分别从摄影测量、三维激光扫描测量、多技术综合测量三个方面分析文化遗产数字化测量的研究进展。

一、摄影测量与文化遗产

1. 摄影测量技术

摄影测量是从影像中获得和提取目标对象三维信息的一种测量科学和艺术，是目前测量领域中非常成熟的技术，在不同领域均有广泛应用，如地理绘图、三维测量、环境保护、数字化复原、逆向工程、环境监测、可视化测量、动漫、建筑和城市规划、形变分析等。根据相机位置的不同，摄影测量可分为地面摄影测量、航空摄影测量和航天摄影测量三种。航天影像是建筑、规划等领域最常用到的图像资料之一，其拍摄平台主要包括高度在240千米以上的航天飞机和卫星等。航天影像中最方便获取的当属卫星拍摄的航天影像，可直接通过谷歌地图、百度地图等软件或网页免费获得，其具有图像面积大和范围广、拍摄角度和分辨率单一等特点，适合范围较大的地形图的测制，但难以反映建筑风貌、景观环境及空间特点等，因此并不适合文化景观遗产等小尺度和小范围的测绘。

数据处理手段和摄影测量内、外业测量仪器的不断发展使摄影测量产生了新的分支——非地形摄影测量，其不以单纯的地形测制为目的，而是主要研究目标的外形、形态及几何位置等信息，可直接运用航空摄影测量和地面摄影测量的理论。目前，非地形摄影测量的应用中，近景摄影测量的测量距离从几十厘米至二百米不等，是对此距离内的非地形目标进行图像的获取和测量，以确定其形状、大小、性质和位置的技术。近景摄影测量可测各种曲线型、复杂、细节多的目标，而且具有工作效率高、费用低、操作简便、反映测量目标真实全面、获得的测绘产品（如三维空间指标、图像、图形等）多样等优点，其在建筑领域应用广泛，可以用于文化景观遗产的测量。

2. 近景摄影测量仪器

近景摄影测量外业的仪器主要是相机，就相机种类而言，分为量测用的测绘相机和非量测用的普通相机；就相机的拍摄位置而言，分为地面摄影测量和无人机摄影测量。测绘相机与消费级普通相机在自动校正功能方面有区别，目前，不论相机是否具有自动校正功能均可完成测量工作。由于成本低廉等优点，非量测的消费级普通相机在实际测量中使用较多。近景摄影测量的相机不但可在地面上利用手持或三脚架等拍摄，而且可搭载无人机系统（Unmanned Aerial Vehicle，UAV），即在无人机上搭载多个传感器，将 GPS/NS、稳定平台和数码相机等集成，形成无人机摄影测量系统，使无人机在自动模式下依据设定好的航线飞行，并在空中拍摄。无人机摄影测量可避免地面拍摄位置的限制，到达人为拍摄无法涉及的区域采集数据，对地面摄影测量起到补充作用。另外，无人机摄影测量还可通过垂直、倾斜等多个角度多方位地拍摄地物，同时记录航高、航速、航向、旁向重叠、坐标等参数，然后对倾斜影像进行整理和分析，是当前国际测绘遥感领域的热门技术。无人机倾斜摄影测量可使获得的地物信息更真实、完整和全面。

3. 文化遗产近景摄影测量的操作

近景摄影测量作为图像数据处理技术，可从一张图像上通过对象约束或表面法线计算提取三维信息，也能够通过任意尺度测量目标拍摄的多图像，利用图像对应关系（连接点）中的未知参数进行准确、可靠的运算，从而生成精确、详细的三维信息。近景摄影测量可通过对所拍摄图像的数据处理操作获得文化遗产对象除尺度信息外的所有外观信息，构建完整的三维纹理模型。从拍摄测量对象的图像到提取其尺度、空间、材质等信息构建三维实景模型，文化遗产近景摄影测量的完整操作流程主要包括五个步骤：①实验设计，包括仪器选用、参数设置、拍摄点和范围的安排等；②三维外业测量；③校正、拼接等数据处理过程，生成三维点云模型；④三维面模型的构建和处理；⑤材质映射与可视化处理。其中，第③~⑤步均为测量数据的运算和处理，涉及光速平差、传感器校正和定位、测量对象的三维点定位、面拟合等技术和过程，可通过实景三维建模软件等商业软件完成。

4. 文化遗产近景摄影测量的应用

很多文化遗产测量和记录的研究工作都是在利用近景摄影测量技术的基础上进行的，例如，布赖恩（Bryan）等、贝弗利（Bewley）、德斯蒙德（Desmond）、勒马（Lerma）等、钱德勒（Chandler）等均对利用消费级数码相机对岩石艺术类测量对象进行近距离立体成像以获得高程数据模型的方法进行了研究。近年来，针对文化遗产的近景摄影测量研究也较多，研究者对近景摄影测量技术在不同文化遗产的测量对象和项目需求的应用上进行了研究，如不同详细程度的测量、复杂对象的综合测量、高质量需求的测量、测量仪器的便捷使用和操控、高兼容性、低成本等问题。另外，还有一些研究针对的是摄影测量技术和其他数字化测量技术之间的对比。可以说，对于文化遗产的研究和利用，近景摄影测量是非常成熟的技术。

第二章 文化景观遗产数字化的理论溯源与实践案例

对于获取文化遗产信息,近景摄影测量技术与其他数字化测绘仪器相比优点较多,如:可瞬间获取测量对象的大量信息、数据处理自动化程度高、操作便捷、仪器价格易接受、便携程度高等,因此,其尤其适用于数量较多或场地范围较广的测量对象。另外,近景摄影测量还可以根据需要采用人工方式灵活采集测量对象的特征点,并采用地面和空中多拍摄角度相结合的综合摄影测量方法,使测量范围更加全面,因此特别适合于环境复杂、测量点较多的测量对象。但近景摄影测量也存在一些缺点,如:客观的测量条件(如天气、光线、温度等)对其限制较多;外业操作的自动化程度不高,影像三维建模的数据获取操作难度较大,对操作人员的专业技巧要求较高;当采用普通数码相机测量时,镜头存在较大畸变差,需进行相机标定和全站仪布设控制点的配合以提高测量精度;测量数据的后期处理方式较三维扫描测量死板,无法灵活地获取测量目标的细部,且较难区分相互交织的不同测量对象;图像数据可通过角度或折射几何公式等数学运算将二维图像转换为三维信息,但需要多张照片。因此,有学者认为摄影测量方法更适合于几何形状外观的物体或外形不规则但体量较小的物体,或地图类测绘任务、形变分析测绘任务,且需要工作经验较丰富的测绘团队,其对于低预算的或数据获取和处理的时间和地点均受限的测绘项目更有优势。虽然近景摄影测量不如全站仪、三维激光扫描等技术的测量精度高,但其测量精度仍可达到千分之一至百万分之一的相对精度,属于精度高、可靠性强的测量手段。另外,由于无人机可在距地面1000米以下的任意高度、角度和方向对地面目标进行拍摄,其拍摄的影像是多种角度和距离的,能够表现拍摄目标的立体感和空间特点,因此,无人机的摄影测量可用于内蒙古自治区文化景观遗产及其周围环境的图像采集和测量。

二、三维激光扫描测量与文化遗产

1. 三维激光扫描测量的技术特点

三维激光扫描技术（3D laser scanning）是利用激光测距原理，通过扫描目标物体表面的三维点云数据，记录被测物体表面大量密集点的三维坐标、反射率、纹理等信息的一种现代数字化测量技术。其能以非接触的方式获取复杂目标物体的三维数据信息，达到复建被测目标的三维模型及线、面、体等数据的目的，具有快速、实时、高密度、高精度、数字化、自动化等特点，被广泛应用于建筑测量、文物保护、地形测绘、矿业开采、变形监测等领域。根据测量距离和操作原理的不同，三维激光扫描仪可分为基于三角测距原理、相位式和脉冲式三种。其中，基于三角测距原理的激光扫描仪主要是将激光投射至测量对象表面，并利用扫描透镜搜寻激光投射到测量对象表面产生的投影位置；相位式和脉冲式激光扫描仪均以时间为计算基准，脉冲式激光扫描主要测量激光脉冲在投射和返回这两个事件上的时间差，而相位式激光扫描通过调节激光束强度以测量发出和接收的波形间的时间差。另外，三维激光扫描仪可将三脚架设置于地面上进行地基激光扫描（Terrestrial laser scanning，TLS），也可通过搭载飞机平台进行空中机载激光扫描或激光雷达测量。相较于全站仪、摄影测量等其他测绘技术而言，三维扫描仪作为一项激光雷技术能够快速、精确、高效地构建密集数字化表面模型，具有数据采集全面且精确、外业操作自动化程度高等特点。

三维激光扫描测量可通过仪器的激光扫描对距离和角度进行精确测量，采集局部坐标系中带有强度值的点云数据，获得测绘对象外形的相位数据（X、Y、Z轴的坐标信息）。与视距仪等工具的测量相比，三维激光扫描测量的效率高得多。三维激光扫描仪可将所有点云数据自动统一至一个坐标系，获得每个点云数据

第二章 文化景观遗产数字化的理论溯源与实践案例

的绝对坐标,对不规则测量目标的测量具有较高工作效率,可一次扫描完成,因此,三维激光扫描仪也被认为是高自动化、无反射棱镜的全站仪。而且,三维激光扫描测量还可通过内置或外置的数码相机在瞬间采集测量对象的 RGB 颜色(加成色)、反色率等信息,生成比例尺寸准确的正射投影照片,全面反映被测物体的真实信息。三维激光扫描测量获取的三维实景点云模型,包含测量对象表面的信息,可用于生成测量目标的二维剖切图、立面图和三维模型等。另外,在实际测量扫描中,三维激光扫描仪只需在新设站点时进行相应设置即可,设置完成后的仪器可自动进行扫描和正射影像的拍摄,扫描和拍摄的过程中不需要进行人为操作。

  三维激光扫描测量的精度与仪器扫描基座的长度和扫描对象与仪器间的距离相关,精度可达毫米级。扫描仪基座长度确定后,距离测量的标准偏差将会按比例增加至距离的平方。也可以说,点精度仅由激光反射镜距离的精度决定,而且随反射镜距离平方的减小而减小。当扫描仪与扫描对象之间的距离小于 2 米时,其三维点的标准偏差则小于 1 毫米。另外,三维激光扫描仪和无反射棱镜全站仪测量精度的比较研究显示:三维激光扫描测量所获的测量对象的三维数据模型甚至可达到无反射棱镜全站仪所能达到的精度,即 0~5 厘米或 0~2 厘米。当然,三维激光扫描测量所获得的测量对象表面的点云数据是巨大的,而且数据精度越高,扫描所获的点云数据量也越大,在实际工作中,即使一些部分点云数据精度较低,也可以获得较理想的测量对象表面数据。三维激光扫描测量的精度很高,但其只能通过扫描时的参数设置来实现,而无法通过数据处理进一步提高精度。摄影测量可以通过增加照片的拍摄数量和图片处理的参数设置来提高测量精度,但工作量巨大,因此,三维激光扫描测量可达的精度也可视作对摄影测量中为提高精度而不得不大量增加图像拍摄和数据处理的一种劳动力释放。

测绘对象的环境亮度、颜色和表面材质情况等均是影响三维激光扫描测量效果的重要因素。当测绘对象表面的激光扫描角度约为45°时，点云的厚度更小，测量结果看上去效果更好。扫描仪脉冲所投射到的测量对象的表面材质类型决定了反射信号的强度。受材料类型因素的影响，扫描所获的距离数据质量往往不够理想，甚至存在完全无信号返回的情况。表面粗糙或黑暗的测量对象往往会由于很多激光被吸收而导致多部位扫描点云缺失。例如，红砖表面对一些扫描仪的激光反应表现较差，而灰浆表面对激光的反应效果则较好，但同样表面黑暗的大理石却因测量过程中半透明和非均质性的光学特性而呈现完全不同的测量效果，这是由其测量中的距离偏差和增强的噪音这两个关键因素造成的。不过，对于大部分测量对象来说，可通过采取相关措施来解决表面材质问题，以提高扫描质量。例如，在闪光的物体表面均匀涂抹一层薄薄的白色粉末，使更多的可见光反射回扫描仪。三维激光扫描仪对于雕刻品和表面光滑的测量对象效果较好，但这些测量对象的表面往往会存在一些对其数据表达至关重要却又较难捕捉和探测的元素（如尖角、相交的线或不规则的边缘等）。对于此类情况，最有效的方法是迭代最近点（Iterative Closest Point，ICP）算法，通过一些控制点和特征点进行三维校正，然后进行测量对象的全局校正。另外，对于大尺度和复杂结构的测量对象，可在实际测量工作中先将其测量数据量减少15%~20%，然后依据项目的具体情况和需求对测量对象三维数据模型进行水平或垂直方向的切割，以即时查看和测量所生成的数据截面。

2. 三维激光扫描测量的缺点

虽然三维激光扫描因可对真实世界进行三维建模和虚拟重现而备受青睐，但其同样存在缺陷，并非能够完成所有的测量任务。

第一，三维扫描测量的范围是有限的，扫描仪的性能不同，其扫描距离的阈值不同，获取测量对象数据的精度和完整性也不同。

第二，三维激光扫描测量类仪器价格昂贵、便携性较差、操作技术要求较高、操作复杂，与摄影测量拍摄一个场景只需几秒的高效相比，三维激光扫描测量获取同样场景的扫描时间则长得多，且所需精度越高，其测量时间越长。

第三，三维激光扫描测量通过扫描即刻生成点云，但存在数据量大且数据管理不便的问题。测量对象的外观越复杂，三维激光扫描仪需要采集的点云数据越多，数据处理量越大，数据冗余程度越高，工作效率则越低。由于测量对象的各部分之间或各物体之间存在遮挡、视角等问题，三维激光扫描仪在各个站点所采集的数据是有限的，有些部位的信息不能扫描到。因此，需进行多站点的扫描，并将测量对象各站点的数据进行拼接，这样能保证测量对象数据的完整性，但这也导致数据大量重叠。

第四，数据处理需要消耗大量时间。对于大多数文化遗产研究而言，点云数据是无法直接使用的，还须进行进一步的处理，处理途径主要包括将点云构建三角面模型或将点云模型在CAD中进行参照以建模等操作。哈达德（Haddad）等通过对17个文化遗产在三维激光扫描测量过程中的相关变量（如站点数量、点云数量、扫描时间、数据处理时间等）进行统计和比较后得出：构建一个精确、完美的文化遗产模型所需的数据处理时间比其外业扫描所需时间长得多（建模时长至少是扫描时长的5~10倍）。例如，木质的罗马船（The wooden Roman Boat），长约15米、宽约3米，三维激光扫描耗时约8个晚上，共扫描30个站点、获得900万个数据点，而其数据的处理共耗时约45天。

总之，三维激光扫描从外业扫描到最终获得可供研究或生产项目使用的成品数据，整个过程都是比较困难的。这大大影响了三维激光扫描测量在文化遗产项目中的实用性，在实际工作中应针对测量对象的特点和测量任务的需求进行合理选择。但是，对于文化遗产这一跨学科的研究对象而言，新技术能够得以全面应用和普及本身就是很困难的，例如全站仪从初步用于遗产测绘到广受认可经历了 25 年的时间。随着扫描仪器和处理软件的不断发展，激光点云数据的采集和处理时间不断缩减，三维激光扫描测量的外业扫描和数据处理也变得越来越高效，三维激光扫描测量对于文化遗产领域的影响也将越来越广泛和深远。

3. 文化遗产三维激光扫描测量的应用

一方面，三维激光扫描测量在数据的精确性和完整性等方面存在优势，另一方面，三维激光扫描测量可生成三维可视化的、点到点测量可直接使用的数据产品，且其数据可随时被调用以为人们展现测量对象。因此，三维激光扫描几乎可以满足文化遗产保护研究中的所有要求，其在文化遗产研究领域的应用前景将越来越广阔。

由于获取的测量对象表面数据精度极高，三维激光扫描测量技术已成为传统测绘技术的替代或补充的最佳选择之一，不但被广泛应用于工业制造中的样机设计、开发和质量控制，建筑与工程施工中植物、建筑或景观等方面的测绘和记录，而且被大量运用于考古文物、遗址、古建筑及文化遗产等方面的测绘和记录。例如，罗布森·布朗（Robson Brown）等利用激光扫描技术获得了法国西南地区的旧石器时代遗址的数据；迪亚兹·安德鲁（Diaz Andrew）等通过激光扫描技术对卡斯尔格勒（Castlerigg）的石圈、坎布里亚郡（Cumbria）、长梅格（Long Meg）的立石进行了数字化记录；东尼斯（Doneus）等研究了多脉冲全波形航空机载激光扫描技术在植被区域进行考古勘探的应用；因特维特（Entwistde）等研究了通过土壤化学数据对一个遗弃的定居点进行高精度三维集成建模的方法；拉克维特（Lomqvist）和斯特凡科（Stefanakis）对手持激光扫描仪在峡谷、陡坡或峭壁等复杂、险峻的测量环境中的使用优势进行了研究。由于三维激光扫描测量所得的数据点密度高且空间相对坐标接近真实坐标，与摄影测量相比，三维激光扫描测量更适用于不对称、不规则的测量对象，以及大尺度、细节烦琐、结构复杂的建筑物或构筑物等测量对象。实践表明，三维激光扫描仪非常适用于景观对象的测绘，尤其是需对测绘对象进行快速、详细地数据获取的情况。另外，三维激光扫描测量获取的高精度数据还有利于文化遗产中艺术作品工艺特点的探测，并对这些对象间的关系进行推理分析。

随着计算机性能的不断提高，三维激光扫描测量所获大量点云数据的处理和管理不断优化，通过其构建的三维实景模型的利用也进一步得到挖掘。就文化遗产的三维监测和展示等方面而言，三维激光扫描测量已成为最主要和有效的方法之一。三维激光扫描所获的相对坐标数据可校准为现实世界的绝对坐标，使其数据可用于地理信息系统或空间统计等分析；通过点云数据拟合而成的三维面模型，以及数码相机所拍摄的正射影像映射至面模型形成真实场景的视觉拷贝，可使人们在三维环境下查看测绘对象，在更接近实景的环境下对遗产对象进行研究和分析；三维激光扫描测量所获数据还可通过进一步处理和解析，达到展示测量对象的目的，并结合模型的漫游等功能，使人们能够更清晰、直观地查看和了解测量对象的构造和细节，以对其进行判断和评价。三维激光扫描处理所得的三维模型产品可在展厅中进行展示，使公众能够更便捷、清晰和直观地接触和了解文化遗产的信息、学习文化遗产的相关知识。

三、多技术综合测量与文化遗产

近景摄影测量和三维激光扫描测量技术各有优势，两者在文化遗产的应用上均存在局限性，将两者进行结合集成使用能够突破应用单一数字化测绘技术的局限性，提高文化遗产测绘工作的效果和效率，对于文化遗产数据的获取、记录、管理和分析的作用巨大。

伯勒（Boehler）和马伯斯（Marbs）（2004）认为，近景摄影测量更适用于以点或线为基本结构的测量对象，而三维激光扫描测量更适用于复杂和不规则的测量对象（如雕塑、浮雕或其他表面不平的测量对象），因此指出：近景摄影测量和三维激光扫描测量的结合对于很多案例而言将会是最佳选择。目前，将摄影测量技术和激光扫描技术相结合的综合测绘方法研究逐渐产生并越来越受青睐，已成为文化遗产项目测量工作的热点，是近十年文化遗产领域的主要研究趋势。研究者通过大量案例证明两者的结合可以应对更复杂的测量对象，所获取的数据在精度、完整性、表达效果等方面均有提高。勒蒙丹（Remondino）和坎帕纳（Campana）（2007）认为，近景摄影测量和三维激光扫描测量技术的结合使用更适用于要素或空间复杂的研究区域。乐马（Lerma）等（2010）认为，两者的结合还适用于研究区域测量对象的性质和种类复杂多样的情况。另外，除可见光获得的图像外，还可通过不同光谱段的其他传感器来获得测量对象信息，以进行更深入的研究，如红外线、紫外线等。紫外线可用于文化遗产研究中不同清漆和复绘的鉴别；近红外可用于研究油画，使经过修改或颜料遮盖的原来笔触再现；热红外信息多被用于历史建筑的研究和分析，分析其保护情况，显示其修补和老化层及壁画结构等信息。

自20世纪90年代，基于多传感器和多源数据集成的综合测量方法首先被应用于工业、军事等方面的地图绘制，然后是文化遗产领域。虽然有一些研究将卫星、航空和地面数据融合进行了更完整和更高精度的三维测量，但目前多传感器和多源数据的集成研究仍主要集中于地面测量技术的集成和数据的融合。基于多传感器和多源数据集成的三维测量所得到的测量对象，其三维数据在外观的整体特征和细节方面效果最佳。每个细节级别仅展示出必要的信息，使每项技术都得到了最合理的利用。如今，范围大、情况复杂的遗产场地的三维测量所使用的测绘方法多为多传感器、多技术、多源数据（包括摄影测量、激光扫描、大地测量等）的集成使用，研究内容主要包括：建模、解析、展示和数字化保护等问题中各数字化测绘技术的优势和应用前景、各技术缺陷的补救方法、测量对象不同细节级别数据的生成、测绘的准确度和完整性的提高等。

多传感器测量技术的集成和多源数据的融合主要包括两方面内容——形状测量和材质测量。其中，材质测量主要指测量对象三维面模型的纹理映射、合并、简化和渲染等操作。测量对象具有照片真实感的实景表达兼具光线、表面光影、纹理的无缝混合、视角、简化和细节级别等因素。形状测量主要指测量对象表面三维形状的数据获取、校正和进一步处理等操作。在这个过程中，来自多传感器、多种精度的数据分别经过最充足的数据抽样后，通过模型特征进行无缝拼合，从而生成测量对象不同细节级别的数据模型。多技术采集的所有数据均需进行对齐、重叠等操作以获得融合的信息，进行进一步的分析研究。

第三节　数字化信息模型与文化遗产

长期以来，地理信息系统（Geographic Information Systems, GIS）由于具有可视化和标注信息等方面的功能和优势而在古建筑、考古和文物等文化遗产研究领域得到广泛使用。近年来，随着科学技术的快速发展，文化遗产研究领域所涉及的技术范围越来越广，尤其是文化遗产数据和信息的采集和记录方面。目前，除传统GIS中通过矢量和栅格数据层对地理模型上的信息进行标注和分析的功能外，文化遗产信息管理已发展到语义数据的研究和使用方面，主要包括三维地理信息系统（Three-dimentional Geographic Information Systems，3D GIS）和 BIM 的应用。例如，阿波罗尼奥（Apollonio）等（2011）对 3D 语义网络软件进行了研究，主要利用谷歌地球软件和关系型数据库，对古建筑、文物等文化遗产对象的三维模型进行文本和图片的注释和解析。BIM 技术则通常结合三维点云数据和 CAD 系统等被用于历史建筑领域。

一、GIS 与文化遗产

1. GIS 技术与文化遗产

数字化技术的不断普及对文化遗产的保护、研究和管理方式等产生了巨大影响，GIS 技术的发展实现了文化遗产对象数据信息的储存、生成、分析和可视化等系统化管理。近几十年来，GIS 技术在文化遗产管理中的应用不断增加，并发挥了巨大作用，在文化遗产保护进程中的评价、分析和调控等环节成为最有效的技术工具，成为管理不同类型数据、最被认可的可视化技术，也是文化遗产领域信息分析工作应用最普遍的技术之一。文化遗产的信息管理与 GIS 技术在其他领域的应用并无本质区别，都是在统一的坐标系统下对多维度的测量和调查数据进行管理、分析和解读。其中，首先应保证所有文化遗产数据坐标系统统一。一致的空间位置使 GIS 能够将各种维度的数据进行关联，统一的坐标参考系统是将所有数据导入同一空间进行统一管理的前提。凯娜（Keinan）（2013）通过研究证明利用 GIS 技术可以对多源数据（如历史、尺度等方面的数据）之间的关系进行空间关系的分析和评价，其结果可作为文化遗产保护和可持续性策略研究的基础。早期基于 GIS 技术的文化遗产研究主要利用二维的方法来研究文化遗产保护的问题。典型的图纸表达方式（如平面图、剖面图、立面图等）往往被作为矢量地图的制作材料。通过 GIS 技术可将这些图纸与文化遗产对象的数据库相连接，并可以此为基础在真实尺度下对文

第二章 文化景观遗产数字化的理论溯源与实践案例

化遗产进行 GIS 分析。文化遗产的研究对象往往复杂性较高，当研究对象结构较复杂时，这种二维的方法具有非常明显的局限性。

2. 3D GIS 技术与文化遗产

近二十年来，视觉技术不断发展，三维数字化技术成为一种向人们展示历史的教育途径，也是对历史情况进行研究和分析的一种手段。这种二维到三维的转变为 GIS 技术在遗产保护领域的应用带来了新的发展，很多学者对 3D GIS 技术在文化遗产中的应用进行了研究，逐步实现了文化遗产信息管理由二维到三维的发展，也证实了 3D GIS 技术在文化遗产领域具有应用前景。卡斯尼斯（Katsianis）等（2008）以古希腊遗址——科林斯古威（Paliambela Kolindros）为研究对象，将三维模型应用于文化遗产的记录与解析，通过 GIS 平台利用大量的 2.5 维栅格表面和三维矢量，设计和建立了文化遗产的数据模型。虽然研究中反映出 GIS 技术对于管理复杂文化遗产对象的三维信息具有局限性，但这项研究证明了：3D GIS 平台能够通过搭建高效的三维数据信息系统为考古研究提供帮助。凯尔（Koehl）等（2008）通过 3D GIS 平台将多面体文件应用于文化遗产对象三维数据的管理，对法国的尼德蒙斯特（Niedermunster）区域进行了虚拟解析。尽管在当时GIS 软件对于三维模型的编辑存在局限性，但这一研究充分证明了GIS 技术与三维数据能够结合，以达到对文化遗产的特征进行充分解析、检测和可视化的目的。

文化遗产的信息管理从二维到三维的发展经历了一段"伪三维"的过程。一些研究首先以三维的方式构建文化遗产对象的实体模型，或者利用数字化三维测绘（如激光扫描、摄影测量等）所获点云数据构建文化遗产对象的三角面模型，然后通过二维图纸描绘文化遗产不同历史阶段的内容和特征，最后将相关图纸与研究对象的三维模型建立连接，构建文化遗产的数据库。这类研究虽然是利用三维的方法进行文化遗产数据的获取和处理，但文化遗产数据的管理和分析仍采用二维的方式，并非针对文化遗产的三维模型或实体本身进行信息管理和分析。为实现文化遗产研究真正的三维信息管理，一些IT专业人员设计了专用平台，将传统二维图像与三维模型相结合，构建了文化遗产的三维信息系统。布鲁内塔德（Brunetaud）等（2012）在3D-ADHOC专用软件中开发插件，使用户能够在包含点坐标信息的正射影像图上基于文化遗产的三维点云模型进行文化遗产变化和损坏情况的绘制，并将所绘内容与文化遗产对象的模型相连接，以完成文化遗产的三维信息管理。之后，尼波河项目进一步推动了3D GIS技术在文化遗产三维信息管理中的应用。研究者根据建筑标准将古建筑的模型分离为若干个子要素（如柱子等），然后通过可缩放矢量图形（Scalable Vector Graphics，SVG）的编辑方法将注解以类似于层的方式绘于古建筑的三维模型上，最后利用网络化平台将研究对象的相关数据与其三维模型相连接，形成完整的三维信息系统。Brunetaud等（2012）和尼波河项目的信息管理方法虽然极大地挖掘了文化遗产研究的三维性，但对IT方面的要求较高，需要IT专业人员进行核心部分的开发，这不利于其在文化遗产研究领域的大范围推广。还有一些研究者通过将三维组件添加到传统图形记录中来实现三维信息与GIS的结合。总的来说，以上研究主要是将3D GIS技术用作信息交流和可视化的手段。

随着三维数字化在文化遗产领域数据采集中的不断普及，3D GIS技术在文化遗产保护、利用中的应用越来越多，三维数据的数字化技术引入带来了信息获取的工作途径、知识获取和交流的方式，以及数据的解析和分析方法等方面的改变。文化遗产项目中，为对获得的精确三维模型创建信息并促进信息数据库的构建或解析，各种信息管理的方法应运而生。有的研究关注信息系统结构的组织，为数据的检索和分析提供便利；有的研究重点在于研究对象的语义描述；有的研究基于操作符对建模过程序列进行描述……其中，对复杂的三维模型进行语义分割以对不同数据进行注释的研究较少，对基于三维数字化测绘技术来定义、管理、展示和分析遗产对象的保护和干预情况的研究极少。此外，三维技术对于文化遗产保护和管理的研究多集中于数据信息的可视化研究，而非分析研究。为在文化遗产研究中实现 3D GIS 技术的进一步利用，坎帕纳罗（Campanaro）等（2016）以庞贝（Pompeii）古城方柱形胸像的北屋（North House）为例，研究了一种基于 3D GIS 技术的新的信息系统管理方法，将激光扫描、摄影测量及 3D GIS 技术相结合，综合开发三维可视化和 GIS 分析技术，建立遗产对象管理的三维系统，在真正的三维环境中进行文化遗产对象的保护分析，利用 GIS 的分析工具以三维的方式对遗产对象退化信息进行解析。

3. 3D GIS 软件平台与数据集成

随着 3D GIS 技术的不断发展，3D GIS 软件平台越来越多，美国首先推出了谷歌地球（Google Earth）、轮廓线（Skyline）、Arc 地理信息导航（ArcGIS）、虚拟地球（Virtual Earth）、世界风（World Wind）等 3D GIS 软件，随后我国也推出了三维地理信息平台（VRMap）、三维可视化地理系统（IMAGIS）、吉奥地理信息基础平台软件（GeoGlobe）等软件。Google Earth 系列软件诞生于 2005 年，操作简单、用户体验度较好，具有最庞大的用户使用群体，但其侧重于三维数据的应用，且应用程序编程接近 API，开放程度低，不适合进行二次开发。Skyline 系列软件包括特拉浏览器、特拉工程、特拉数据平台等软件产品，具有强大的空间信息展示能力，支持交互式绘图，且具备三维测量和地理空间分析功能，其所提供的数据库接口强大，能够支持甲骨文公司（Oracle）、Arc 数据库管理系统（ArcSDE）等，数据处理能力很强。ArcGIS 系列软件具有三维扩展模块，能够对 GIS 数据集进行整合，支持来自

Google Earth 等平台的数据，但其对三维数据的处理能力不如专业的三维平台。

文化遗产的信息管理和分析不但需要 3D GIS 技术，还需要与 BIM 的技术相结合以对不同细节水平的数据进行处理。目前，两者间的集成最常用的数据格式当属地理标记语言（City GML）。City GML 作为一种用于表现三维空间对象的国际标准数据格式，是一种运用地理标记语言开发的可扩展标记语言（Extensible Markup Language，XML）。City GML 存储的信息不仅限于三维几何体，还包括研究对象的拓扑、语义及外观等方面的特性描述，不但可以对普通三维模型进行可视化表达，而且可以通过属性和语义等对三维信息模型进行分析和管理。另外，City GML 还是一种 XML 格式，能将外部的数据库或网站等资源与模型或模型中的具体部分相连接、将文化遗产现存的信息与三维模型连接，实现互联网上共享，有助于文化遗产对象的记录和数据的丰富以及文化遗产信息的传播。

针对每个语义类型，City GML 都包含许多预定义的属性。将三维模型转换为 City GML 文件不仅需要几何体的转换，还需要对模型中描述分类或子元件的语义信息进行转换。通过谷歌草图大师（Google SketchUp）软件中的插件可实现草图（SketchUp）模型到 City GML 文件的自动转换。但 BIM 模型中语义信息的自动转换会产生信息丢失，只能通过手动方式对语义分类进行重新连接和设置。但 FC 格式文件是带有语义信息的，当 IFC 语义分类被映射到相应的 City GML 分类时，基于 FC 格式的 HBIM 模型即可自动地转换为 City GML。基于 IFC 的开源建筑信息模型软件具有直接导出 City GML 的功能。当模型转换为 City GML 后，则可通过 XML 文件的直接编辑和所需属性的加载为模型添加附加信息。

二、BIM 与文化遗产

1.BIM 的结构

从操作层面来说，BIM 不只是一个简单的技术、一个软件，其应该是一个综合多种维度、不同因素的集合体理念。模型的建立是 BIM 的核心、基础，将各种不同类型信息集成于其中，贯穿建设项目各阶段的工作成果。目前，适用于建筑、遗产领域的最为流行的 BIM 软件是 Revit（Autodesk 公司开发的实现 BIM 技术的软件），该软件能使建造各阶段中不同专业协同在同一 BIM 工作流程中进行合作和对接。

以下以 Revit 平台为例，分析 BIM 的结构（图 2-3）。

第一，信息数据准备。BIM 的构建过程是一个从无到有的建模和信息录入的正向过程，需提前通过多种数据采集方式获取相应数据。对于传统测绘所得的信息数据来说，可直接利用所测数据在 Revit 中建模。对于三维数字化获取的数据来说，需通过瑞凯普（Recap）三维扫描软件将点云数据转换为 RCP 格式文件后，再链接至 Revit 软件中，参照点云的数据建模。对于属性信息的采集来说，可通过文献爬梳、实地量测、照片拍摄等方式获取后关联至三维模型中。

第二，三维模型"族"创建。"族"的创建是 Revit 实现建筑单体管理的基础。选择合适的族样板，规定族参照平面、原点等，根据已测得数据或链接至 Revit 的点云、CAD 文件等，利用"形状"命令创建各族。创建完毕的建筑构件载入项目后，按照轴网、标高位置自下而上搭建建筑，生成单体建筑模型。

第三，属性信息记录。建筑信息模型中"信息"的记录与存储大部分是通过在项目中赋予实例"参数"实现的。根据内容性质划分，建筑构件的重要属性分为：几何信息，反映建筑构件的几何尺寸和空间关系；属性信息，反映建筑的名称、年代、风格等；残损信息，反映建筑的残损程度、原因、范围等；干预信息，记录应对残损情况实施的保护工程和施工中的设计方案；扩展信息，记录文物建筑其他相关信息，如图片、文档、网页、点云链接等；材质参数，记录建筑构件材料属性和表面装饰等。以上信息需在族三维模型创建完毕后，在族类型面板中添加。

第四，成果形式。完成模型创建和信息记录后，研究者可通过点选建筑构件查看属性信息，根据不同视图导出相应的图纸，文字描述可通过标记标注生成表达。

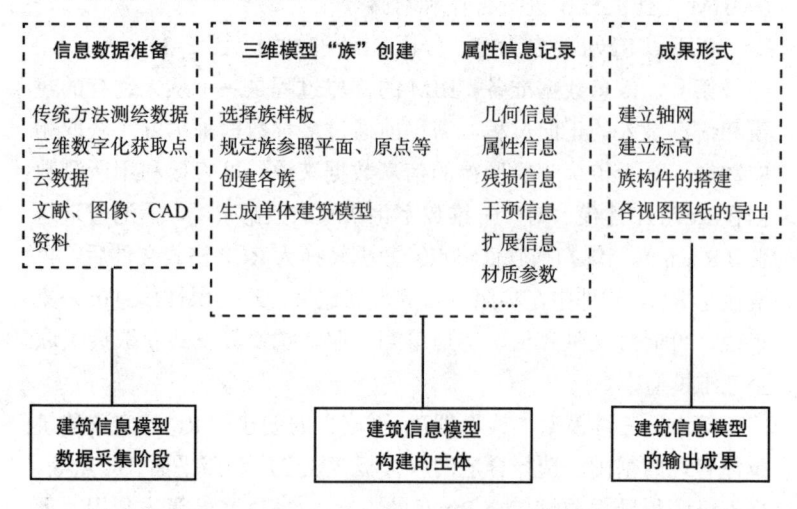

信息数据准备	三维模型"族"创建	属性信息记录	成果形式
传统方法测绘数据 三维数字化获取点云数据 文献、图像、CAD资料	选择族样板 规定族参照平面、原点等 创建各族 生成单体建筑模型	几何信息 属性信息 残损信息 干预信息 扩展信息 材质参数 ……	建立轴网 建立标高 族构件的搭建 各视图图纸的导出
建筑信息模型数据采集阶段	建筑信息模型构建的主体		建筑信息模型的输出成果

图 2-3 基于 Revit 平台的 BIM 建构结构

通过 BIM 的构建结构可以看出，BIM 尤其适用于复杂建筑。古建筑文化遗产的构造结构有完整的学术体系支撑，尺寸比例符合模数，而 BIM 中对建筑构件"族"的规定将模型中的最小单位由点、线等简单的几何图元转变到柱、梁、枋等基础建筑构件，同时添加尺寸、材质、颜色等属性信息，能够与古建筑构造特征良好契合，实现建筑信息模型的建立。

2. HBIM 的结构

如今，利用 BIM 技术进行工程设计和项目周期管理已成为趋势，但将 BIM 技术应用于文化遗产古迹的信息管理和记录并对其应用价值进行评价的研究却较少。2008 年，阿拉伊西（Arayici）项目中首次将 BIM 应用于现存建筑，并提出利用 BIM 技术对智能的、多功能和多表达方式的数据进行综合利用以实现现存建筑的三维可视化。近年来，研究者逐渐开始进行建筑物、构筑物等相关文化遗产的信息管理研究。墨菲（Murphny）等（2009）将 BIM 等现代技术应用于文化遗产的数字化记录，提出 HBIM 概念，并将 HBIM 作为 BIM 的插件，以研究对象的历史数据为基础，建立参数化建模的新型标准库以及基于点云和图像等测绘数据进行参数化对象绘制的系统。对于文化遗产对象而言，由于其外形特点，组件的几何和特征关系无法通过典型的 BIM 软件平台模块表达，因此其模型构建十分复杂。对于 BIM 软件的组件和材料库中缺乏所需对象的问题，目前较可行的方法是 HBIM：通过测绘和现有资料获得文化遗产对象的数据；通过单独层的方式插入文化遗产对象的点云或图像等测绘数据；以此为基础进行对象各部分的绘制，最终完成整个模型的参数化构建。历史资料和数据的参考是为了获取测绘数据中对象表面数据无法反映的内容，如对象的建造方法、材料成分、内部结构等。当 HBIM 建成后，整个对象的三维模型、工程图等就都可以通过软件的相关功能导出了（图 2-4）。

HBIM 是对解决已有文化遗产正向研究、管理难度大的问题作出的尝试，其在建筑领域的应用为文化遗产、风景园林领域提供了思路和借鉴。随着保护政策的出台和技术水平的提高，文化遗产数字化、信息化研究定将走向更广的范围，具有更多元的属性，体现更多样的价值，甚至将非物质层面的集体记忆、传说故事、城市文化等纳入其中。这就需要除三维数据之外的如数码照片、音频视频、气候水文、地方志等多源数据的整合和利用，从而实现数字技术对文化遗产的全面保护和管理。

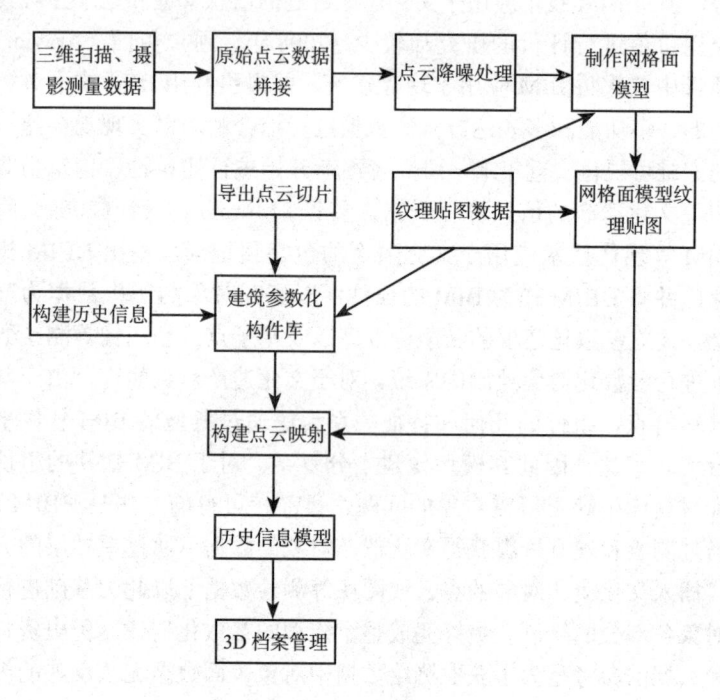

图 2-4 HBIM 建构过程

三、LIM 与文化景观遗产

目前，LIM 的应用还处于初级阶段，相较于 BIM 而言，LIM 在技术层面所需的要求更高、范围更广，业内暂时未出现供 LIM 全生命周期管理运营的软件载体，当下的研究依旧需要借助多平台软件进行探索实践。部分学者认为其技术包括 BIM 软件 Civil3D

第二章 文化景观遗产数字化的理论溯源与实践案例

平台（用以搭载各类型的数据文件进行集中处理）、Infraworks（用以三维可视化建模）、Rhino（以其强大的图形渲染能力强化 LIM 的可视化程度）（图 2-5）。有学者基于实际项目中的应用总结，将 LIM 分为资料调研板块、规划设计板块、施工管理板块、维护管理板块，需要依托的平台主要有 CAD、GIS、PS、Adobe illustrator、3D max、SketchUp、Word、Excel 等。

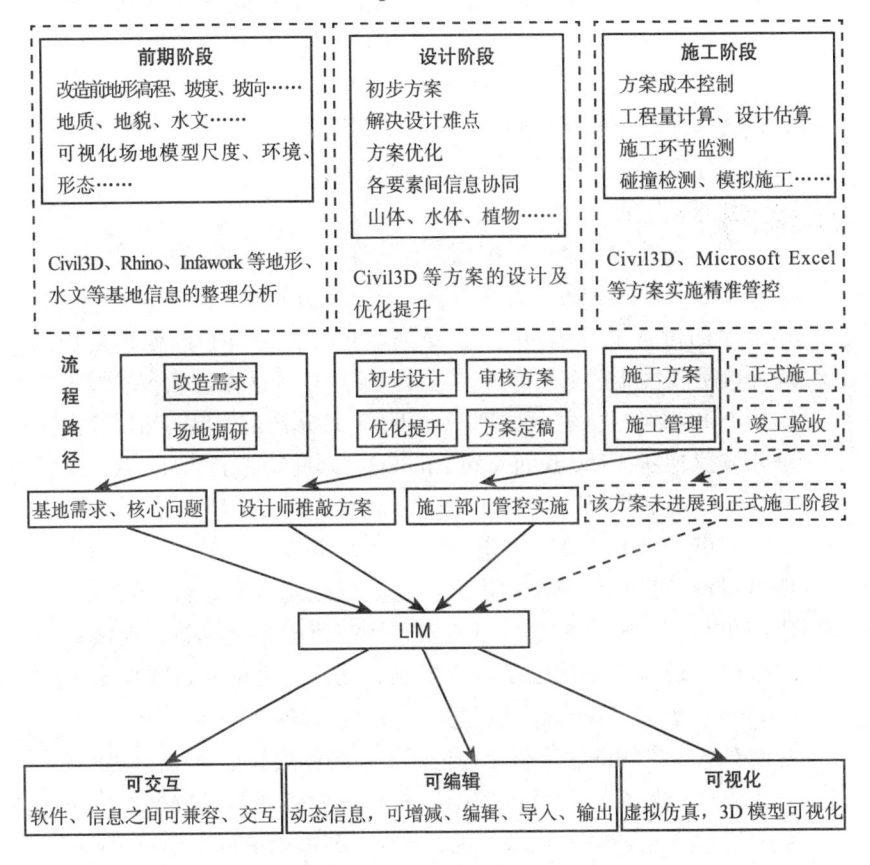

前期阶段	设计阶段	施工阶段
改造前地形高程、坡度、坡向…… 地质、地貌、水文…… 可视化场地模型尺度、环境、形态……	初步方案 解决设计难点 方案优化 各要素间信息协同 山体、水体、植物	方案成本控制 工程量计算、设计估算 施工环节监测 碰撞检测、模拟施工……
Civil3D、Rhino、Infawork 等地形、水文等基地信息的整理分析	Civil3D 等方案的设计及优化提升	Civil3D、Microsoft Excel 等方案实施精准管控

流程路径：

- 改造需求、场地调研 → 基地需求、核心问题
- 初步设计、优化提升、审核方案、方案定稿 → 设计师推敲方案
- 施工方案、施工管理 → 施工部门管控实施
- 正式施工、竣工验收 → 该方案未进展到正式施工阶段

↓ LIM ↓

可交互	可编辑	可视化
软件、信息之间可兼容、交互	动态信息，可增减、编辑、导入、输出	虚拟仿真，3D 模型可视化

图 2-5 LIM 的建构结构

第四节 文化遗产三维数字化研究案例

一、庞贝古城

公元79年8月24日，意大利西南部的维苏威火山喷发，将古罗马繁华的庞贝古城连同这片区域的许多别墅庄园一并吞噬了。自19世纪中叶以来，庞贝古城的遗址被逐步挖掘并向公众开放，其作为商业城市领域广阔，古城中的城市广场、公共广场和市场等已结合建筑和景观一并被数字化保存下来。

1. 城市广场

庞贝古城的城市广场由意大利人建于公元6世纪初，位于庞贝古城中心两条主街道的交点处，长、宽分别约150米和80米。其地上的考古发现超300处，是当时主要的经济和商业集会场所，也是现代非常重要的考古遗址。城市广场区域的考古发掘工作始于1813年，大教堂（The Basilica）首先被挖掘出，然后依次是阿波罗神庙（The Temple of Apollo）、朱庇特神庙（The Temple of Jupiter）、古罗马浴场（The Roman Thermae）等。受技术的限制，城市广场的三维数字化测绘直至21世纪才开始，一些研究项目对城市广场上单个的房间、建筑或纪念碑等进行了实景重建。2003年，整个城市广场首次得到三维数字化测量，但测绘结果仅为城市广场的三维点云模型。之后，美国弗吉尼亚大学（University of Virginia）通过庞贝项目（The Pompeii Project）首次对城市广场的建筑与装饰进行了系统测绘和记录，作为庞贝的历史解析和城市设计的依据。随着多传感器多源数据集成测绘方法的兴起，意大利米兰理工大学（Politecnico University of Milan）的工业设计系与一些科研机构及高校合作，首先采用多

第二章 文化景观遗产数字化的理论溯源与实践案例

传感器、多源和多精度数据系统性集成的综合方法,对城市广场进行了测绘,并以此为基础进行了整个庞贝城市广场的三维数字化模型重建。接着,曼费尔迪尼(Manferdini)等通过庞贝城市广场的三维模型构建了新型信息数据库(表2-2)。

表2-2 庞贝古城城市广场的三维数字化研究

类别	项目	内容
1	时间与人员	比泰利(Bitelli)等(2002)
	测量技术	摄影测量结合地面三维激光扫描测量
	测量仪器	Stereo View 300 系统、Menci 软件和 Cyclop 摄影测量系统
	研究对象与结果	广场上大公爵(Grand Duke)建筑中的女神装饰雕塑(Nymphea)及大、小喷泉的三维数据模型
2	时间与项目	2003年,意大利庞贝考古管理单位(Pompeii Archaeological Superintendence)和意大利费拉拉大学(The University of Ferrara)建筑系(The Department of Architecture)的合作项目
	测量仪器	Cyrax 2500 三维激光扫描仪、全站仪和 GPS 观测站系统(Leica GPS System 500)
	研究对象与结果	首次对整个城市广场进行三维数字化测量,但测绘结果仅为城市广场的三维点云模型
3	时间与项目	2004年,美国弗吉尼亚大学的庞贝项目
	测量技术	摄影测量技术
	研究对象与结果	城市广场的建筑与装饰的系统测绘和记录

续表

类别	项目	内容
4	时间与人员	意大利米兰理工大学的工业设计系与一些科研机构及高校合作
	测量技术	地面和航拍摄影测量与三维激光扫描测量等
	测量仪器	航拍类传感器——Zeiss RMK A 30/23 和 Pictometry、距离类传感器——Leica HDS3000 和 Leica HDS6000、地面图像类传感器——Canon 10D（24mm lens，6Mpixel）、Canon 20D（20mm lens，8Mpixel）和 Kodak DCS Pro（50mm lens，12Mpixel）等
	测量结果	包括航拍影像（比例为 1:3500，几何标准差为 5 厘米）激光扫描点云模型（约 12 亿个点）、近景图像（约 5000 张）、用于精准定位的 GPS 数据等
	建模结果	包括城市广场完整的三维实景模型和研究区域的一些文物的三维实景模型等
5	时间与人员	曼弗迪尼（Manferdini）等
	技术方法	通过语义分类构建三维数据的组织结构，并将其与现有的庞贝考古管理数据库相连接。所采用的连接方式包括两种：①通过几何三维模型来制作考古二维数据，以对城市广场具体的文物进行历史和遗产保护的详细解析；②将具体的文档或文献所对应的对象在三维空间中进行定位
	研究结果	新型信息数据库

2. 庞贝古城街区

瑞典庞贝项目最初开始于 2000 年，由位于罗马的瑞典研究院（The Swedish Institute）发起，目的是针对庞贝的一片完整的古

第二章 文化景观遗产数字化的理论溯源与实践案例

城街区——因苏拉街区（Insula V1）进行数字化记录和分析研究。Insula V1 位于庞贝两条主干道的十字路口区域，离位置最高的城门和渡槽入口均不远，生活和商业活动的区位优势明显。公元 79 年，这里有一家旅馆、一家面包店和三个富人住宅区，富人住宅区中有两栋双中庭的房子和 19 个店面，其中店面作为沿街对外面向两条主干道。2011 年秋天，瑞典的隆德大学（Lund University）与意大利比萨视觉计算实验室合作，将三维重建和记录技术相关的现代数字化考古作为子项目纳入瑞典庞贝项目，取名"庞贝复兴（Pompeii Revived）"。自此，瑞典庞贝项目开始通过激光扫描和摄影测量技术对 Insula V1 的建筑进行三维数字化测绘和数据获取。

戴尔（Dell）、安图（Unto）等（2013）首先以 Insula 区域中的 Caecilius Iucundus 建筑物为例，利用激光扫描仪 Faro Focus 3D 和 Pharo PHOTON 120，结合历史资料中的相关信息，进行三维模型构建和处理，整个流程包括外业测绘获取数据、数据分析和讨论、三维建模、模型校验、可视化等操作步骤。之后，研究者利用 3D GIS 技术将数字化测量所获的 Insula V1 三维数据模型与瑞典庞贝项目的网站数据库建立连接关系，搭建自动虚拟场景（CAVE）平台，使用户可在该项目网络平台的虚拟环境中以"身临其境"的体验方式对 Insula V1 相关信息进行浏览、查询、测量等操作。该网络平台中可访问的数据主要包括：研究区域的整体三维实景模型，各院落三维实景模型，Insula 相关的图片、文字资料及信息等。另外，该项目还可利用 3D GIS 技术在数字化可视环境下进一步对研究区域进行分析，可开展的研究主要包括空间分析、建筑结构及细部分析、视觉分析、认知模拟等宏观和微观的多项研究（图 2–6）。

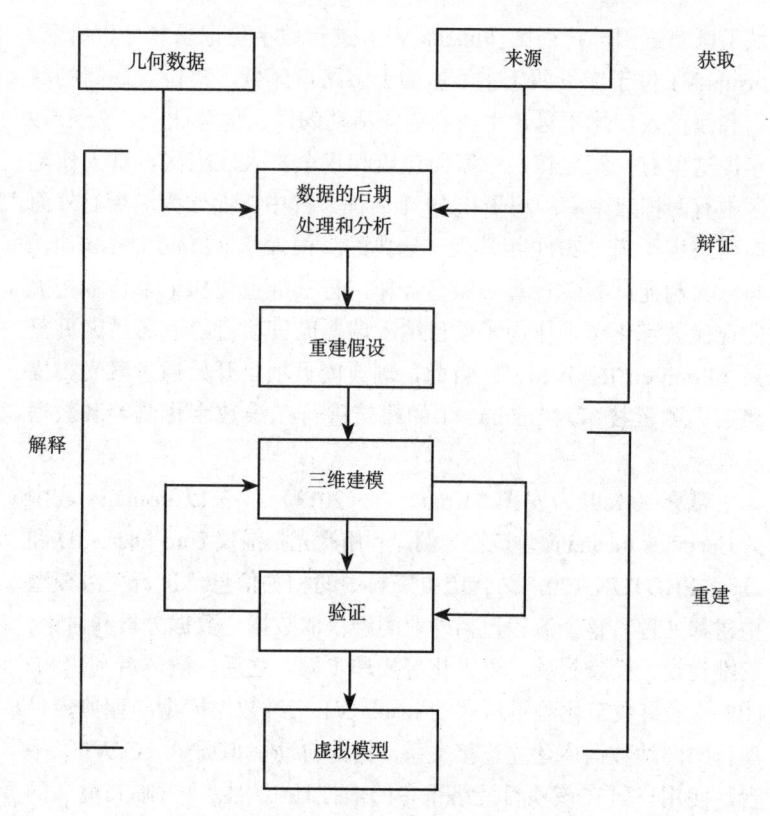

```
获取 ── 几何数据    来源
           │         │
           ▼         ▼
        数据的后期处理和分析      辩证
              │
              ▼
           重建假设
              │
解释          ▼
          三维建模
              │
              ▼
            验证                重建
              │
              ▼
           虚拟模型
```

图 2-6　Insula 视觉解析研究方法流程

二、苏州环秀山庄

南京林业大学梁慧琳（2018）为提升传统园林研究理念和方法，将三维数字化信息技术应用于现存苏州私家园林，并提出"园林信息学（Landscape Informatics）"的概念，利用现代三维数字测绘技术对苏州环秀山庄进行数字化测量，然后对园林要素进行解析，最后以三维数字化测绘和园林要素解析结果为基础，利用 BIM 和 GIS 技术相结合的方式，搭建了苏州私家园林信息系统。

第二章 文化景观遗产数字化的理论溯源与实践案例

在获取现存苏州私家园林数据阶段，近景摄影测量和三维扫描测量技术各具优势和局限性，该研究提出，将多技术集成使用能够克服数字化测绘技术应用单一的局限性，提高文化遗产测绘工作的效果。该研究在实践中采用了多种三维数化测量技术，包括地面三维激光扫描、地面近景摄影测量、无人机摄影测量，并对多种方法所得的多源数据进行了融合处理，得到苏州环秀山庄三维模型。

在园林要素处理阶段，该研究以三维数字化测绘数据为基础，进行了假山构造与组成部件、堆叠方法等的解析和编码，对园林建筑进行了具体结构方面的解析，对植物进行了基于植物类型和品种的单体解析和编码。

在信息系统建构与信息管理阶段，该研究将苏州私家园林信息系统构建和信息管理的手段聚焦于 3D GIS 和 BIM 等技术，考量了古建筑和建筑外空间特点，提出综合利用 BIM 和 3D GIS 技术进行苏州私家园林信息系统建构和信息管理，对以后的研究具有一定的借鉴意义。

可以看出，该研究在理念上提出将三维数字化、信息化技术应用于苏州私家园林，充分尝试了现代三维数字化技术在园林中的应用，利用 BIM 和 GIS 技术相结合的方式对苏州私家园林进行管理，为本研究中古典园林的信息模型建构提供了理念和技术上的借鉴。在数据处理方面，该研究提出对苏州环秀山庄要素信息进行解析，目的是剖析园林实体属性、关系、层次、构造信息，并非为后续对园林要素更好的管理做准备，其解析内容仅从研究案例本身出发，且解析方法依据不同，不具普遍性与标准性，此部分还须后续进一步探讨。

以上成果为本文提供了理论支撑，BIM 数字化、信息化的理念可以应用于古典园林研究实践，但其号召建筑"全生命周期"的框架却无法直接应用于内蒙古自治区文化景观遗产信息模型的建构。该框架从决策阶段开始，传递至设计阶段，后发展至最重要的建设阶段。建设阶段往往涉及众多参与方，还需要投入大量的人力物力，建设竣工验收后进入最终的运营管理阶段，直到该建筑被拆除。对于已存在千百年的文化景观遗产来说，其流程并不是从无到有的过程，即最初的步骤不是一项新的"设计"，而是对已有内容的"采集"，通过合理的分类归档，最终形成基于其已有内容管理的信息模型。此外，古典园林项目往往不需要 BIM 和 LIM 中的"建设"步骤。古典园林作为一类特殊的文化遗产，要素组成多样且复杂，空间布局具有艺术性，在长久的历史发展中，其风格与内容发生了变化，体现了历史的层积性。鉴于此，为解决现有建筑、景观信息模型框架无法满足文化景观遗产保护和管理需求的问题，需要结合目前已有技术和理论依据构建出适宜文化景观遗产的信息模型框架，深入挖掘其文化内涵。

三、嘉峪关

墨菲（Murphy）提出 HBIM 的概念及流程后，天津大学开始研究信息模型在文物建筑测绘领域的应用，提出了"索引框架模型"和文物信息采集的"结构—类型法"。李珂在梳理 HBIM 概念的基础上，创新性地提出点云和摄影测量只是获取信息更为高效、省时的一种手段，但并不意味着点云和摄影测量是 HBIM 的必要条件，HBIM 模型映射的应是实物对象本身，传统手工测量、数码影像数据等也可以是 HBIM 的数据来源，且 HBIM 不应视作图纸、文字报告和照片的补充，而是应建立"索引框架模型"作为统领全局的信息索引框架。在实践层面，李珂（2016）在梳理 HBIM 概念的基础上，以 Revit 为平台，利用"结构—类型法"，应用类型学方法和建构逻辑，将已有测绘制图 CAD 平台升级到 BIM 平台，建立了满足 HBIM 需求的嘉峪关关城木结构建筑的参数化构件库。最后针对其"族库""BIM 模型""视图"这三种 HBIM 成果形式，探讨在不同需求和阶段下的成果交付方式。

目前，建筑文化遗产领域信息管理最先进的方式是三维信息模型。该研究明确以建构嘉峪关关城木结构建筑的参数化构件库为目标，采集已有数据对建筑构件进行逐一建模及信息录入，完成了嘉峪关关城木构架的 HBIM 建构，在成果形式上由二维图纸上升至多维度动态的信息服务系统，为研究相关建筑的管理提供了借鉴。该研究数据为已有 CAD 图纸信息，而未强调点云、近景摄影测量数据与结果的关联，但信息库建立的本质依然是数字化，而将该成果与图纸、文字等资料关联整合，可以对文化遗产复杂三维空间各部分进行充分表达。可以看出，BIM 技术"族"的规划对于具有具体模数规定的园林建筑的信息管理具有明显优势，但对于古典园林建筑外环境、地形地貌、园林要素构成来说，BIM 技术则无能为力，BIM 技术需要能够管理更大尺度、更多源要素的平台，甚至新的更为适用的平台。

四、上海豫园大假山

上海同济大学杨晨、韩锋（2018）利用三维点云技术对上海豫园大假山空间特征进行定量化研究：首先，梳理豫园大假山的历史演进与核心特征；其次，运用数字化近景摄影测量技术、激光雷达扫描技术和点云可视化技术采集大假山的空间信息，构建数字化三维模型，更正前人研究中对其空间尺度认知的误差；以此为基础，对豫园大假山主次分明、浑然一体、峰峦相间、错落有致、蹬道迂回、盘旋曲赴六大空间特征开展定量化的识别与分析，其最终成果为进一步研究大假山的遗产价值和保护策略提供了新的视角和工具。

该研究通过三维点云技术定量化验证了豫园大假山的遗产特征。研究发现，豫园大假山现存空间要素和空间特征与古代文献中的描述具有一致性：现存大假山占地约 40 平方米，高度约 7.4 米，建有峰峦、洞壑、涧谷、磴道等自然景观要素，创造出 300 余米的游径，并利用假山的开合、高低变化营造出咫尺山林的空间感受。豫园大假山以建筑轴线控制造景，划分山体主次结构并组织视线关系，通过各个方向的高差变化解决竖向交通问题，营造出极其丰富的空间感受，展现了较高的艺术构思水平及工程实践技巧。豫园大假山整体上具有明代叠山主峰突兀、层次分明的特征，在空间要素上反映了建造者善于利用涧壑、磴道、石壁表现大山气势的叠山手法，在空间构成上与明末清初上海园林景观日趋繁复的风格具有同一性。

研究发现，三维点云技术不仅可以为假山遗产的研究提供数据支持，在遗产保护实践中也具有重要的应用价值。第一，点云技术可以替代二维线画图成为古典园林数字化记录的重要途径。点云包含高精度的三维空间信息，能够更全面、更精准地记录园林假山空间，为遗产的真实性、完整性保护提供更科学的基础数据。第二，三维点云技术使园林遗产的动态监测成为可能，通过比较不同时期的点云数据能够快速、准确地识别各类园林要素的变化并采取相应措施，形成新的管理工作方法和路径。第三，三维点云技术可以支持园林假山遗产的虚拟解说。利用三维点云技术，可以在虚拟现实环境中对园林假山空间进行精确的建模和描述，并进一步转化为数字化展示平台，为公众提供更多了解遗产价值的机会。因此，如何利用三维点云技术提升古典园林假山遗产保护方法的科学性，推动保护手段的现代化，是风景园林、测绘学和文化遗产保护等多学科交叉的综合学科未来重点研究的方向。

总的来说，文化景观遗产数字化测绘相关实践证明了近景摄影测量技术及三维激光扫描技术在遗产复杂空间结构及不规则遗产要素的逆向信息采集方面具有可行性；HBIM 的应用过程为解决已有古迹正向建模研究难度大的问题提供了思路；庞贝古城多源技术综合测绘方法的实践为构建内蒙古自治区文化景观遗产信息

第二章 文化景观遗产数字化的理论溯源与实践案例

模型提供了思路；上海豫园大假山空间特征研究为内蒙古自治区文化景观遗产信息模型利用提供了方向；苏州环秀山庄三维数字化信息研究为内蒙古自治区文化景观遗产实践提供了融合多源数据、结合 BIM 及 GIS 的研究思路；嘉峪关信息化测绘研究明确以构建 HBIM 为目标，提出了除数字化方法外信息采集的多种方式，为内蒙古自治区文化遗产数字化多源信息的获取提供了理论支撑。

然而，前人的相关探索及实践主要以中国古典园林为实践对象，涉及西北地区、面积广阔、建筑群较为庞大的文化景观遗产较少。因此，对于内蒙古自治区为代表的西北地区文化景观遗产，尽管目前的理论框架 BIM、LIM 和 HBIM 都适用于文化遗产领域，但在气候环境、范围扩展性、技术路线等方面适用性不足，不能直接套用。因此，亟待建立将三维数字技术用于内蒙古自治区文化景观遗产的方法体系。

第三章 内蒙古文化景观遗产数字化研究背景

第一节 内蒙古文化景观遗产史略

一、概况

内蒙古自治区地域辽阔、狭长,多种地貌共存,自然气候丰富,历史源远流长。这些特征投射到遗产营造的生成与发展过程中,形成了较为丰富且具有地域特色的文化景观遗产,成为中国文化景观遗产独特的组成部分。

内蒙古自治区的主体住民曾经长期过着游猎和游牧生活,文化景观遗产分散在草原、沙漠、戈壁、森林等不同类型的地区,其保护工作具有特殊性。由于内蒙古自治区对于文化景观遗产保护起步较晚且有区位劣势,针对内蒙古自治区文化景观遗产发展与保护的措施和方法仍比较孤立、零散,缺乏系统性,使文化景观遗产遭到一定程度的破坏,其价值有一定的流失。当前城镇化快速发展、文旅融合以及大数据产业的推进都对内蒙古自治区文化景观遗产生存现状提出了挑战,因此,其保护与可持续利用至关重要。

二、历史文化

文化是人类创造的奇迹，每种文化都是特定历史时期的产物，都有存在的必要性和合理性。草原游牧文化是古代中华文化主源之一，是在以蒙古高原为中心的亚洲北方草原特定的自然地理环境中，由阿尔泰语系三大族系的多个草原民族在其形成、发展过程中创造的生产及生活方式的总合。公元6~9世纪，室韦、鞑靼等原蒙古人的势力日益增强，并从呼伦贝尔草原不断西迁，进入蒙古高原核心地区，对大漠南北民族布局的变化产生了重大影响。原来布满突厥语部落的蒙古高原从此开始了蒙古化进程，蒙古人开始走上草原历史舞台。成吉思汗统一草原各部，在蒙古高原中心建立大蒙古国，全面继承和发展了几个世纪以来所创建的北方游牧民族的历史文化。在此基础上，成吉思汗及其继承者们经过几十年的征战，将草原文化的影响扩大到东西方。草原文化作为具有鲜明地域特点的文化类型，在漫长的历史年代中与中原农耕文化共存并行、互为补充，为中华文明的演进不断注入生机与活力。随着社会的发展，草原文化经过多次转型，有些文化形态得以保存和发展，形成传统文化，至今仍推动着人类文明的发展。

草原文化具有鲜明的特点，从精神层面上看，草原文化具有天人合一、崇尚自然的宇宙观；敬畏大自然，与大自然和谐相处的自然观；合理取舍、永续利用的生态观；描摹自然、歌颂自然的文化观。从自然层面上看，其生物的多样性、生态景观的丰富性和环境条件的平衡性体现得最完美。从历史层面上看，这里是人类先祖的栖息地，是人类文化的发源地，是历史上许多北方民族的发祥地，也是汉民族与北方少数民族的融合地，以及东西文明的交汇地。

第二节 内蒙古文化景观遗产的价值

内蒙古自治区横亘中国北疆，自有文字记载以来，就曾有多个北方游牧民族在该地生息、繁衍，在漫长的历史进程中形成了别具一格的地域文化，创造了丰富多彩的物质文化，许多重要的文物遗存和遗迹成为全人类的文化景观遗产。典型的文化景观遗产有元上都遗址、辽上京遗址、红山文化遗址群、燕家梁元代遗址、大窑遗址、五当召、美岱召、河套灌区、成吉思汗陵、昭君墓、巴丹吉林沙漠—沙山湖泊群、和硕恪靖公主府、锦山龙泉寺、大召寺、席力图召、贝子庙、云中郡故城、万部华严经塔等。由于内蒙古自治区幅员辽阔、东西跨度较大、气候条件较差，其文化景观遗产面积、体积相较于南方地区文化景观遗产均呈现出较大的体量；由于气候因素对文化景观遗产造成了不同程度的风化、侵蚀和损毁等不可逆的破坏，运用传统保护手段无法对内蒙古自治区文化景观遗产进行有效的保护与展示。随着元上都遗址被成功列入《世界遗产名录》，国际社会及学界对内蒙古自治区的历史文化愈加重视，同时也为发展内蒙古自治区的旅游业和建筑业提供了机遇与新的空间。

内蒙古自治区幅员辽阔，自然生态条件较脆弱，文化景观遗产多分散在草原、沙漠、戈壁、森林地区，对其进行保护具有特殊性。由于起步较晚、区位劣势等原因，针对内蒙古自治区文化景观遗产发展与保护的措施和方法仍缺乏专业性、系统性，仍不完善、有效的发展与保护的措施使文化景观遗产遭到一定程度的破坏，其价值有所流失。此外，当前城镇化快速发展、文旅融合以及大数据产业的推进都对内蒙古自治区文化景观遗产生存现状提出挑战，其保护与可持续利用至关重要。而内蒙古自治区文化景观遗产自然山水关系、景观序列、文化价值内涵等方面所具有的独特性决定了如果盲目运用原有方法及技术可能造成保护重点偏离，一味追求新技术和高精度数据可能降低信息的可用性并导致资源浪费，因此，有必要对数字化技术在内蒙古自治区文化景观遗产的保护和展示方面的应用进行深入研究。

第三节　数字化技术为保护内蒙古文化景观遗产带来机遇

　　文化遗产是人类文明、文化和历史的物质体现。保护文化景观遗产意味着保护古建筑、历史遗址和文物等文化遗产的存在、原真性、材质材料等方面。随着社会的不断发展，全世界逐渐认识到文化景观遗产保护的重要性，并对文化景观遗产保护进行了广泛的研究与探讨，使该领域不断发展。现今，保护文化景观遗产的方式已从传统的二维保护方式拓展到三维数字化建模保护方式，可以在不破坏文化景观遗产对象的前提下，完整、详细地获取相关数据，并对其进行数字化测绘、数据储存与管理。该方法及技术对于文化遗产的保护至关重要，可以降低、挽救其在自然灾害、气候变化、战争及人为破坏等因素的影响下产生的损失。联合国教科文组织对世界各地的自然及文化遗产进行收录，以确保这些遗产能够在现在及将来得到保护、展示与传播。为此，联合国教科文组织在1972年通过的《世界遗产公约》中规定，每个缔约国必须针对遗产的收录、保护、展示与复原制定相关的法律条款，并采用合理的科学技术、财政与管理措施。这样的规定旨在确保文化遗产得到适当的保护，使其得以传承并发扬光大。总之，保护文化景观遗产已成为全球共识，而数字化测绘、数据储存和管理等技术的不断发展为文化景观遗产的保护与传承提供了

第三章 内蒙古文化景观遗产数字化研究背景

更为广阔的空间和更为有效的手段。因此,应保护并传承这些宝贵的文化景观遗产,使其成为人类历史文化的珍贵财富。

近年来,学术界对在文化景观遗产管理与保护方面使用先进科学技术的研究日益增加。现代数字化测量技术越来越受到遗产保护工作者及研究人员的关注,尤其是距离传感器、成像设备等三维数字化测绘仪器的使用,可以将遗产的外观信息以数字形式记录下来,为遗产的数据存储、信息管理、监测分析等工作提供更准确、深入及高效的方式。在过去的 20 年中,近景摄影测量、三维扫描测量及实时动态差分定位系统等动态点测量等技术在文化遗产研究领域的应用不断拓展,使遗址考古、历史建筑及古代文物等遗产的三维数据获取及数据处理更加精准、完整与高质量。如今,三维数字化信息技术已经成为世界文化遗产保护与记录领域的关键手段,被广泛运用于遗产信息永久流传、历史记录及数据保护、形变、比对、监测、老化、质变分析及模拟、虚拟现实制作、三维数据库构建、计算机辅助复原、多媒体展览和可视化等。近年来,随着 3D GIS 与 BIM 等基于语义数据的方法与三维数字化测绘技术相结合,以更为深入、系统地管理、分析数据及文化遗产信息,这些新的技术与方法正在为文化景观遗产保护领域的发展带来更多的可能性,同时,国际遗产组织一直倡导并呼吁有针对性地使用三维技术进行文化遗产保护,开创三维数字化信息时代。

第四章　内蒙古文化景观遗产数字化测量工作的实施

第一节　工作背景及主要目标

一、工作背景

历史文化遗产承载着中华民族的基因和血脉，其不仅属于我们这一代人，还属于子孙万代。考古遗迹和历史文物是历史的见证，必须保护好、利用好。中国共产党第十八次代表大会以来，有关单位发表了一系列重要论述、作出一系列重要指示、批示，为历史文化遗产保护工作引航指路。党的二十大报告中提出：实施国家文化数字化战略，健全现代公共文化服务体系，创新实施文化惠民工程。健全现代文化产业体系和市场体系，实施重大文化产业项目带动战略。加大文物和文化遗产保护力度，加强城乡建设中历史文化保护传承，建好用好国家文化公园。

二、主要目标

（1）通过详细的勘察，完成文化景观遗产的数字化建模及空间信息存档。

（2）尝试先进技术在文化景观遗产保护与研究中的应用，探索文化景观遗产测绘与展示新方法。

（3）针对内蒙古自治区气候环境、地域特色、文化特点以及文化景观遗产现状等，构建内蒙古自治区文化景观遗产保护与利用的技术方案。

（4）形成内蒙古自治区文化景观遗产数字化记录与保护的理论研究报告。

第二节　测量内容及数字化测量技术选择

一、测量内容

考虑到文化景观遗产要素的丰富性，内蒙古自治区文化景观遗产测量内容应反映地形、地貌、空间布局、建筑、景观小品等遗产要素的相关信息（表4-1）。测量工作应涵盖自然山水环境、地形、地貌等关键要素，以及各遗产要素的位置、空间范围及要素现存情况。

表4-1　内蒙古自治区文化景观遗产数字化测量内容

信息类别	具体内容
自然山水环境	平面布局、高程信息、地形地势等 各景观要素的位置和空间上的边界、范围、关系等
建筑要素	堂、阁、廊等建筑单体的外形、结构、尺寸、材质等
景观序列	边界、道路可达性、建筑密度、建筑高差等
景观小品	石碑、白塔、坐凳等

二、数字化测量技术选择

不同的测量技术，其特点不同，所产生的数据及信息也不同。

第四章 内蒙古文化景观遗产数字化测量工作的实施

由于测量的目的和任务要求不同，需要根据具体特点和要求选择最适宜的测量技术。

1. 测量技术分析与比较

本书主要考虑的数字测量技术包括近景摄影测量、地面控制点（Ground Control Point，GCP）及三维激光扫描技术。其中，适用的近景摄影测量主要是指无人机近景摄影测量（Unmanned Aerial Vehicle Digital photogrammetry，UAVDP）和地面近景摄影测量，而适用的三维激光扫描技术主要是指地面三维激光雷达扫描测量（Terrestrial Laser Scanning，TLS）。所有应用于文化景观遗产的数字测量方法都是非接触式的测量方法。

（1）三维激光扫描技术。三维激光扫描技术是一种可以自主发射激光、与目标无须接触就可以获取目标物体表面点云数据的测量方法，该测量方法精度极高，是新时代测绘技术的重大创新。三维激光扫描技术的最大优点在于不需要接触被测物体，只需借助三维软件的建模就能实现精确的实景复制。地面三维激光扫描仪改变了传统的单点性测量模式，它能够更快速、全面地采集被测对象的信息，极大地推进了测绘技术的发展，提高了测绘的效率和精准度。目前，三维激光扫描技术已经在古建筑、文物遗址测量等方面得到了广泛应用。

（2）近景摄影测量技术。近景摄影测量技术是不可移动文物测绘中的常见技术，该技术是基于人的双眼间存在视差，通过拍摄两个目标物的照片，利用拍摄瞬间获取被测目标的位置信息，通过使用后方交会与前方交会两种计算方法，计算出照片中目标物的方位元素，最终根据对计算像控点的深入解析来获取目标物的实际地面坐标，从而构建三维坐标模型。

无人机倾斜摄影测量技术是利用无人机航摄获取景像信息，经过处理后获取被摄物体的形状、大小、位置、特性及其相互关系，生成三维模型。无人机倾斜摄影测量技术发展日趋进步与成熟，尤其是小型消费级无人机，其具有便携、操作方便、成本低、综合性能好等优势，更适用于日常工作，在不可移动文物保护领域的应用越来越广泛。

在文化遗产保护研究领域，由于文化遗产测绘本身具有不可接触性、复杂性和精确性等特点，所以近景摄影测量技术非常适合用来采集文物的相关信息、重建文物的三维立体模型，为文化遗产建档提供可靠的信息支持和科学依据。将航空影像数据与近景摄影数据相结合，既可保证区域大范围实景三维模型的建立，又可保证重要文化遗产三维模型的精细度。在文化遗产保护和重建过程中，构建文化遗产的三维模型是一项基础性工作，精确的文化遗产数字模型能够记录文化遗产的原始三维信息和纹理信息，从而为文化遗产的三维重建、保护、展示、修缮等工作提供重要的数据和模型支撑。

表 4–2 对不同方法的特点进行了比较。每种测量方法都有自己的特点或优缺点，因此不仅要根据测量对象的特点选择合适的测量方法，还要综合使用多种测量技术，以达到高效、完整的测量效果。

2. 测量技术适用程度比较

在对测量目标和不同测量方法的特点进行分析与比较的基础上，考虑到测量精度、作业效率及便捷性等因素，需要确定适宜内蒙古自治区文化景观遗产研究区域可获取的空间数据信息及其适用的测量技术，如表 4–3 所示。由于地面三维激光扫描测量方法的测量原理与近景摄影测量方法（包括无人机及地面近景摄影测量）的测量原理存在一定差异，前者能提供更为准确的测量数据，更适合于测量表面轮廓复杂、材质多样的物体。然而，对于地貌较为清晰且遮挡情况不严重、测量精度要求不太高的研究对象，近景摄影测量的方法往往更合适且高效。此外，来自三维激光扫描仪测量的原始数据以及各种近景摄影测量的原始数据都需

第四章 内蒙古文化景观遗产数字化测量工作的实施

要经过一定处理,经过处理后的原始数据可导出多种文件格式,在各种软件应用程序中应用。

表4-2 文化景观遗产测量技术特点比较

比较内容	三维激光扫描	近景摄影测量	
		无人机近景摄影测量	地面近景摄影测量
测量位置和范围	地面或空中,作业范围较大	空中100米以下、植物以上任意位置拍摄,作业范围大	地面多角度任意位置拍摄,作业范围较大
测量精度	很高	较高	较高
原始数据	测量点的三维坐标及色彩信息(点云数据、彩色影像)	彩色影像	
测量产品	数据、图像、数字表面模型等	数据、图像、数字表面模型、三维动态序列影像等	
工作效率	数据获取速度较快、外业工作效率较高;自动化程度较高;但扫描速度与精度不可兼得,且数据量较为庞大	影像获取较为快捷且方便,外业工作效率较高;但自动化程度一般,相较于三维激光扫描自动化程度低;不能直接获取模型,内业工作量较大	
工作条件	气候因素影响较小,可全天候工作,内业工作时受光线条件影响较大	受风力、光线、温度、雨雪天气、空域限制等外界条件影响较大	
设备成本	很高	较高	一般

表 4-3　内蒙古自治区文化景观遗产空间数据信息测量与获取技术适用程度

测量目标	遮挡情况	信息内容	地面三维激光扫描测量	无人机倾斜摄影测量	备注
区位	—	平面布局、高程信息、地形等	√	√√	仅将内蒙古自治区文化景观遗产作为一个整体获取其整体布局、地形等信息
园林空间	不严重	景观要素的位置和空间边界、范围、关系等	√	√√	对于遗产中各要素对象遮挡情况不严重的区域，无人机倾斜摄影测量即可满足各园林要素的位置、边界、关系等信息的获取，但此种情况较少。当文化景观遗产空间中的开敞区域不多时，各园林要素相交错、交织的情况较多，需利用三维激光扫描仪对相互遮挡的对象进行区分，以提供各要素精准的范围、界限和关系
园林空间	严重	（同上）	√√	—	
建筑单体	不严重	大致外部形状和尺寸、材质等	√	√√	三维激光扫描测量可以满足园林中外部形状不太复杂的园林建筑单体大致外形的测量要求，而且由于园林建筑单体具有对称和规则等特点，其还可对园林建筑单体未被遮挡部分进行测量后，利用复制、镜像等操作表达受遮挡部分的大致外形信息

第四章 内蒙古文化景观遗产数字化测量工作的实施

续表

测量目标	遮挡情况	信息内容	地面三维激光扫描测量	无人机倾斜摄影测量	备注
建筑单体	—	精细外形和精确尺寸、结构、材质等	√√	—	无人机倾斜摄影测量无法满足结构复杂的园林建筑单体测量；三维扫描测量既可对外立面复杂的园林建筑进行精细测量，又可对结构复杂、遮挡情况严重的园林建筑进行测量
景观序列	不严重	边界、道路可达性、建筑密度、建筑高差等	—	√√	受遮挡情况不严重的景观序列的测量重点在于边界、道路可达性、建筑密度、建筑高差特点等，无人机倾斜摄影测量即可满足测量需求，而使用三维激光扫描仪进行全面测量的工作量太大
景观小品	不严重	形态、尺度、色彩等	√√	√	造型奇特的景观小品或局部因外部形状复杂而对测量精准度要求较高，当其周围空间较充裕时，可使用无人机倾斜摄影测量；当结构遮挡严重且形态较为复杂时，使用三维激光扫描测量更为恰当

注 表格中"√"表示相应的测量技术能够满足测量目标所需的信息获取要求，"√√"表示该测量技术在特定情况下表现更佳，包括提供更好的测量效果或在保证测量结果可接受的情况下提高工作效率等。

3. 测量技术选择与方案制定

在进行文化景观遗产的数字化测绘时，需要根据测量对象的特点、要求、测量目的、测量内容等多重因素，综合考虑各种三维数字化测量技术的优缺点，选择适宜的测量技术及测量方案。为了获得高精度的实景三维模型，本研究主要采用 TLS、UAVDP 以及 GCP 等技术。具体来说，在空间充足的情况下，对于建筑、洞穴等复杂结构或细节错落、烦琐的要素对象，需要采用 TLS 等技术；而对于高度较高的区域，如建筑屋顶、高大乔木树冠上部等对象，则需要使用 UAVDP 技术。综合来看，测量建筑及景观序列时，TLS 与 UAVDP 技术相结合的方式更为适合（表 4-4）。

表 4-4　内蒙古自治区文化景观遗产景观要素测量

景观要素	测量技术	所获原始数据	数据预处理软件	数据处理软件	处理后所得数据
建筑要素	UAVDP、TLS	点云、图像	重建大师、Context Capture、Cyclone	Geomagic Studio	实景三维点云模型、实景三维表面模型
景观序列	UAVDP	图像	重建大师、Context Capture	Geomagic Studio	实景三维表面模型
景观小品	UAVDP、TLS	点云、图像	重建大师、Context Capture、Cyclone	Geomagic Studio	实景三维点云模型、实景三维表面模型

第四章 内蒙古文化景观遗产数字化测量工作的实施

第三节 数据获取与处理

一、数据获取

本书中获取研究对象原始测量数据的外业测量工作主要使用的技术为三维激光扫描测量技术、无人机近景摄影测量技术以及地面控制点技术三种技术。

1. 三维激光扫描测量

使用 Faro FocusS 350 三维激光扫描仪对文化景观遗产的建筑、景观序列、景观小品等景观要素进行测量。该仪器具有高速测量能力，每秒可扫描约 200 万个点，水平与垂直方向的扫描范围均为 360 度，最大扫描范围约为 350 米，且测距精度为 ±1 毫米，角精度为 19 角/秒，每个扫描站点的点云拼接误差不大于 1 毫米。此扫描仪还配备了内置球形数码相机镜头，可记录每个扫描站点扫描对象的 RGB 颜色及纹理信息，每分钟可旋转 5820 次。每个扫描程序包括对象点云扫描、标靶扫描及数码照片拍摄。

2. 无人机近景摄影测量

无人机摄影测量设备主要采用搭载 1 英尺 20000000 像素镜头、FOV84 度、8 毫米焦距的 DJI Phantom 4 RTK 无人机系统。以乌素图召为例，使用 DJI Phantom 4 RTK 无人机系统共设计 41 条飞行航线，呈井字形分布，最大程度地提高照片重叠率，保证三维实体模型的完整度。41 条飞行航线中包括 23 条东西向航线、18 条南北向航线。将图片平均分辨率设定为 1 厘米，航高为 50 米，倾斜角为 30 度，进行实际拍摄，共进行了 7 个架次的飞行拍摄，约 4 小时 30 分钟完成影像获取。共拍摄了 3415 张照片，照片重叠率为 80%，覆盖面积可达 21344 平方米。

3. 地面控制点

使用实时动态系统点测量来校正无人机及地面摄影测量获取的点云数据模型的位置信息，该方法最大定位误差约为1厘米。以乌素图召为例，该研究区域内共设置30个地面控制点，平均分布于整个区域中。与UAVDP和TLS等数据进行对照；共得到24个有效控制点，其中包括12个控制点及12个检查点。

二、数据处理

研究对象的FLS格式的点云数据是基于每个站点本身的扫描坐标系建立的。为得到完整的三维空间点云模型，需要将各个站点的扫描坐标系一到一个坐标系下。本书采用法如公司（FARO）设备配套软件SCENE对单独站点进行预处理和点云配准，该处理过程包括以下步骤：

1. 数据导入

新建一个命名与研究对象对应的项目，并将其保存在一个独立的文件夹中，文件名及路径均使用英文。将FLS格式的研究对象站点扫描文件导入软件中，此时站点文件未经过预处理，因此仅以无色显示模式呈现。

2. 数据预处理

通过预处理操作，将外业采集时扫描仪同时拍摄的彩色照片与站点的点云数据进行匹配，以便为每个扫描站点赋予RGB值。

基于大量的文化景观遗产空间数据，利用先进的大数据及人工智能技术提取文化景观遗产的空间特征，协助研究者挖掘不同区域或时间维度文化景观遗产的艺术关联性特征及其历史发展脉络等隐性信息。后期处理主要是利用电路板上的视频摄像芯片进行，该芯片在拍摄全景时记录全景图像，将模拟视频图像转换为数字图像，然后利用电路板核心的芯片来接收和缓存数字图像。文化景观遗产设计系统的图像处理技术结构见图4-1。

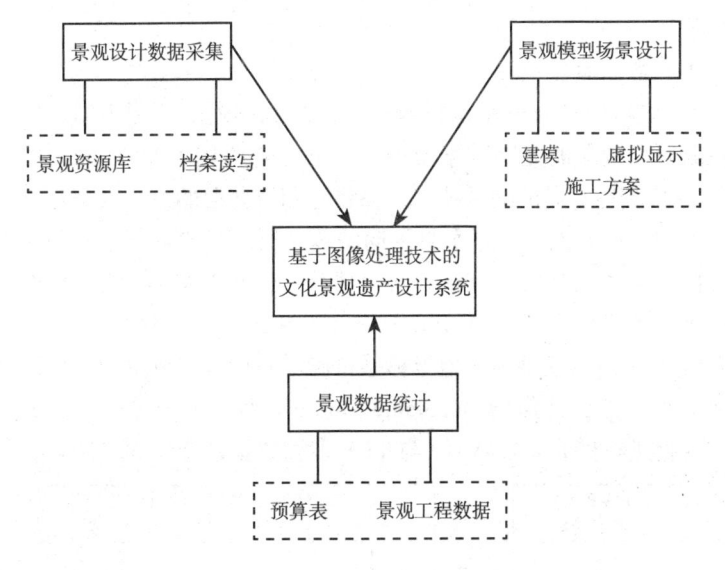

第四章 内蒙古文化景观遗产数字化测量工作的实施

图 4-1 文化景观遗产设计系统的图像处理技术结构

3. 点云配准

为了将来自不同站点的点云数据进行配准，以获得完整的点云模型，本研究采用软件识别特征点自动配准以及基于特征点手动配准相结合的方法。软件根据各站点重合率自动提取特征点进行自动配准，对于未能自动配准的站点，需要手动进入对应视图结合三维场景进行特征点识别和调整，以完成点云集群内的配准。使用迭代最近点（ICP）算法实现相邻站的精准拼接，其中影响配准的主要参数包括二次抽样平均子样本距离、最大迭代次数、最大搜索距离等。点云拼接最大误差为 11.1 毫米，中点错误为 9.7 毫米，符合《地面三维激光扫描作业规程》（CHZ3017-2015）对于点云精度的要求：不使用标靶进行配准的点云数据特征点为二级点云，其中中点误差小于等于 15 毫米即为合格，因此本研究的点云数据配准结果质量合格，可作为后续研究的数据

· 69 ·

基础。

4. 数据融合

TLS 与 UAVDP 测量技术的性能与数据覆盖范围不同，为了获取研究对象的完整数据模型，本书综合应用了 UAVDP、RTK 以及 TLS 等不同的测量技术，并将它们所获取的点云数据进行融合处理。由于上述数据来自不同的源，所以需要将其统一到同一坐标系下。在本书"数据导入"部分，已将 UAVDP 测量数据校正于大地坐标系（WGS 1984UTM ZONE51N），因此，本部分只需将 TLS 点云模型与大地坐标系精确对齐即可完成融合。可使用地面控制点，并借助 Geomagic Studio 软件将 UAVDP 与 TLS 点云数据进行融合，UAVDP 与 TLS 多源数据融合流程见图 4–2。

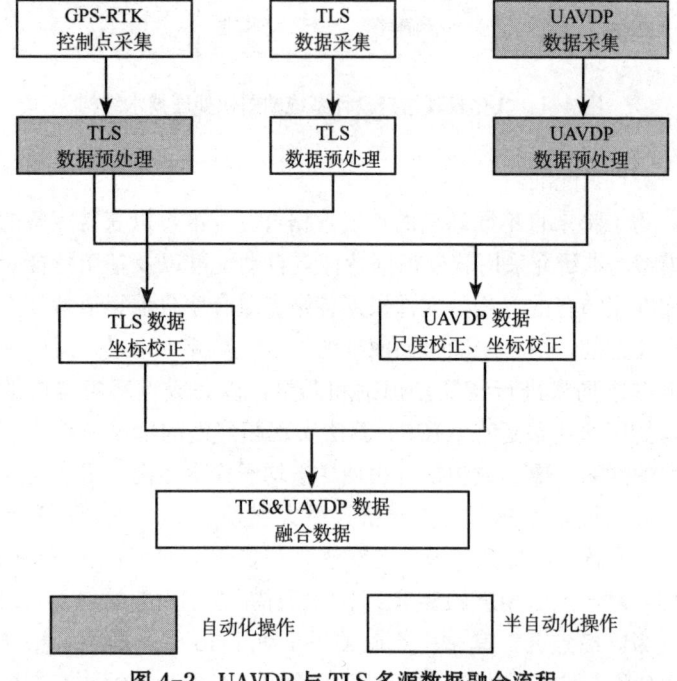

图 4-2　UAVDP 与 TLS 多源数据融合流程

第五章　内蒙古文化景观遗产空间信息解析

第一节　锡拉木伦庙

自1758年至20世纪60年代，锡拉木伦庙已建有大雄宝殿、显宗殿、密宗殿、护法殿、乃唐殿5大殿宇，活佛府、西拉布隆、东拉布隆、罕撒尔府4座拉布隆，朝克饮吉萨仓、显宗仓、密宗仓、甘珠尔仓4大庙仓，360余座僧舍。寺庙曾遭多次人为破坏而严重受损，现仅存显宗殿、密宗殿、护法殿3座殿宇与部分僧舍。全寺占地面积约270平方千米，整体环境特征以鲜明的藏式寺院风格为主，兼有一些汉式建筑和园林风格，譬如寺中多数建筑的柱廊、檐口、门窗等部位采用藏式风格，而部分屋顶及斗栱采用汉式风格；显宗殿正立面通过对称手法突显庄重、严肃的气氛；而密宗殿正立面因面对广场而采用了台阶和富于变化的门廊，显得十分丰富且活泼。寺院内外的建筑和场地常用方、圆、六边形等几何形体，以展示优美的造型及良好的比例，色彩、质感丰富且搭配得当。

一、自然山水格局

依托数字化技术，锡拉木伦庙山水环境尺度下的空间模式解析需注意以下三点：第一，数据采集需要有较大的覆盖范围，需涵盖各景观要素；第二，该尺度需明确体现地形变化；第三，空间格局与自然环境高度吻合是文化景观遗产最突出的空间特征之一，因此三维空间信息的采集显得尤为重要。

本次测量利用四轴多旋翼无人机近景摄影测量技术共规划了六条路线，覆盖了文化景观遗产的各景观元素，随后利用图像处理技术及点云配准软件对数据进行处理，建立了锡拉木伦庙景观环境的三维点云模型，其精度可达1毫米，可以准确表达并满足该尺度下的空间模式记录要求。

通过对点云模型的分析及可视化处理较为直观地体现出山水环境的空间模式：锡拉木伦庙地势呈现2.57度仰角，高差可达4.33米，寺院主体建筑群南北长325米、东西长339米，建筑群整体借助山势上升，形成磅礴的气势，增大了视角并强化了仰视的感受。

因地势存在4.33米的高差，显宗殿与密宗殿构成为8.07度仰角，建筑群形成14.17米的高差，从密宗殿前的广场上朝东北方向望去，视线呈现6度仰角，以密宗殿为中心的建筑群形成10.51米的高差，通过上述数据可知，随着建筑轮廓的上升，观察者的视线也会上升，这样可以更好地感受到建筑群的高大、肃穆气势，密宗殿、护法殿、白塔、活佛府等建筑鳞次栉比、缓缓抬升，增大了视角并强化了仰视的感受，即合理地运用地形的高差比营造出借景的效果。

二、景观序列

受自然条件、气候条件、内部社会关系和生活方式的影响，锡拉木伦庙以在景观空间序列中的位置为特征，具有较高的文化价值及历史价值。数据分析发现，锡拉木伦庙占地面积为110175平方米，寺庙内部游径总长度为240.69米，游径密度为2.18%，建筑间平均距离为45.72米，建筑密度为10.57%，小于公共空间建筑密度标准值55%。通过上述数据可得出，建筑物的布局相对松散，建筑物之间没有严格的轴线关系，因此该布局属于"自由式"松散布局。

通过点云数据模型分析得出，寺院整体布局以游览路线为导引，以密宗殿（面积713平方米、建筑最高高度10.30米、建筑最低高度7.23米）、护法殿（面积352平方米、建筑最高高度8.15米、建筑最低高度7.23米）、白塔（面积16平方米、高6米）等分布在寺院各处的主体建筑为节点，有别于汉地佛寺的中轴对称布局特征，建筑布局更加灵活多变，和谐自然，也充分展示了因地制宜的高超水平。

通过对三维点云模型的数据进行分析及可视化，可以快速监测遗产空间结构的变化，并能够精准测量空间尺度，为历史空间格局演变的记录与保护提供科学依据。

三、建筑单体

锡拉木伦庙建筑单体内部空间类型主要为"封闭空间"，重要建筑与一般住宅主要通过位置、高差、体积、色调、装饰变化等进行区分，这样既可以使其整体视觉效果达到协调，又可以反映出层次的不同，使寺院建筑群主次分明。

由三维点云数据模型可见，其建筑的外墙墙体多采用条石砌筑而成，墙体厚度可达1024毫米，立面多为梯形形态，如显宗殿底部为33.18米×23.40米的矩形，面积为776.41平方米；顶部为31.76米×21.11米的矩形，面积为670.45平方米，自下而上逐渐减小，因此建筑结构更加坚实。由于其建筑多为平顶，显宗殿女儿墙面积为 103.74 平方米，占外立面总面积的 19.42%。

四、建筑单体结构与装饰

显宗殿的建筑结构具有代表性、空间细节丰富，较难通过传统人工测绘的方法进行记录。运用三维激光扫描仪对整个室内空间信息进行数据采集，后期对获取到的点云数据进行计算、配准、拼接及可视化实践，可以更为直观地展示其内部空间结构及空间特征，实现对显宗殿建筑结构及空间特征的科学监测及保护。

由三维点云数据模型可见，其内部平面多按井字形或类似井字形布置若干上下贯通的墙体，内部空间多用梁柱组成纵向排架，梁上密铺椽子，上下层建筑的梁柱排架上下对齐在一条直线上。在大殿中央，通常由高为 5884 毫米木柱升至二层形成内天井，方便采光和通风。虽然遍布殿内的木架构仿佛结构简单，但实际上包括了梁柱、斗、托木、弓木、橡木等，并且相互之间以暗销连接，建筑的承重结构主要由密椽、梁、柱、墙体组成。除木架构结构外，通过点云数据模型分析可知，承托梁枋的替木长 2128 毫米、宽 226 毫米、厚 145 毫米，每根替木间隔 725 毫米，在数据模型中，替木及 677 毫米×677 毫米天花中的阴刻与阳刻纹样也清晰可见。

显宗殿建筑空间分为封闭空间、半封闭空间及开敞空间三种类型，显宗殿中心被 236 毫米×236 毫米殿柱均匀分割为 25 个 2600 毫米×2600 毫米的较小区域，形成相对独立的小空间。东西外立面边玛墙下各分布着九扇 824 毫米×1220 毫米的窗户与一扇 1163 毫米×2000 毫米木门。窗户左右间距 2120 毫米，当墙高为 7.73 米时，窗户距地高度为 6.36 米；当墙高为 9.66 米，窗户距地高度为 3.74 米。而南北外立面窗户分布情况与东西外立面不同，北立面不设置窗户，南立面分布两层不同尺寸窗户，一层为 973 毫米×1040 毫米窗户，左右各一扇；二层为 824 毫米×1220 毫

第五章 内蒙古文化景观遗产空间信息解析

米窗户,左右各两扇,一层与二层间距 2000 毫米。

点云数据模型不仅可以将建筑构件进行精确化记录,还能将装饰构件进行精确化记录,如显宗殿佛堂中距离东西两面墙均为 8.97 米的佛像:该佛像底座面积为 2.18 平方米、高 1.13 米;佛像呈坐姿坐立于底座之上,佛像高 1.79 米、最宽处可达 1.26 米、最窄处 0.94 米,背光高 3.78 米、最宽处可达 2.12 米、最窄处 1.90 米。通过对该佛像点云数据模型进行封装❶操作,佛像模型相较于人工建模,数据更加精确、细节更加丰富、耗时更短。

第二节　喇嘛洞召

呼和浩特城北大青山有两座喇嘛洞,一座位于城西八十里,乾隆四十九年(1784 年),清廷御赐满、蒙、汉、藏四体"广化寺"匾额,俗称西喇嘛洞;另一座位于城东北六十里处额奇特沟内,清廷赐名"崇禧寺",俗称东喇嘛洞。两座喇嘛洞同属呼和浩特八小召之列。现存西喇嘛洞一座,简称喇嘛洞。寺庙管辖沙尔沁召(西广化寺)、珠尔沟召、明安召、黑格林召、祝乐庆召等属庙。

明万历年间,博格多察罕喇嘛云游呼和浩特西北山洞,修行坐禅。该僧圆寂后,其弟子道宝佃其·赤列嘉木苏继法座,于明崇祯年间(1628~1644 年)在其师修业道场——乌素图河源得力格尔阿贵处始建该寺。赤列扎木苏之弟子吹斯嘎巴继法座时增建一座大佛殿。四世呼图克图将旧寺庙从乌素图河源迁移至河源下方,并加以扩建。

寺庙建筑风格为汉藏结合式。喇嘛洞又称银洞,寺庙位于银洞南坡,分前后两院。前院有天王殿、大经堂、大雄宝殿、欢喜

---

❶ 封装是指将三维点云数据进行增强、分割、分类,然后运用相关封装软件(Reality Capture BETA 1.0、Bentley Descartes、Context Capture 等)将三维点云数据进行拼合,快速、高效地对数据进行建模的过程。

佛殿等殿宇，后部建有佛爷府，西北建有三座白色覆钵式喇嘛塔。后寺建在山腰的洞前，凿山为洞，与洞连成一体。

一、自然山水格局

通过 GIS 地形分析可识别出其周围环境特点为三面环山，东有铜山横亘，西面狮山昂首，寺后的银洞山像一个巨大的屏风耸立着，南面有宽阔的洞沟，光线充足，视野开阔；寺前小溪潺潺，逶迤蛇行，寺后白云缭绕，祥光笼照；两旁山间松柏疏密有致，怪石嶙峋；整个寺庙依山傍水，景色宜人，加上山风习习、野香缕缕，更显得佛地生辉，为一方礼佛禅修的胜境，实属《寺院之门》所谓"十善之地"也。因地形所致，寺周常有团团白雾在山腰间若隐若现，犹如波涛汹涌的海洋，远观如"水漫金山"，堪称奇观。

通过三维实体模型剖面图可发现：前寺地处山谷处，建筑依山势起伏而建，以山门处为起点，后寺——喇嘛洞为终点，形成 121.96 米的高差，山门与广化寺、龙王庙及佛爷府建筑群构成为 10 度仰角关系，建筑群形成 29.20 米高差，从山门前的广场上向北方望去，视线呈现 15 度仰角，可观赏到位于山腰处银洞前嵌入山体内的三层楼阁——喇嘛洞，与洞连成一体，寺前石阶共计 124 级，陡直，不易一气攀登至顶。通过上述数据能明确感受到，游览者视线可随山势的变化而改变，充分体现出严肃、庄重的氛围，并体会到前人的营建智慧及匠人精神，广化寺、龙王庙、佛爷府、白塔及喇嘛洞建筑群星罗棋布，合理地将建筑群与地形的高差比相结合，营造出庄穆、严肃的效果。

二、景观序列

通过对三维实体模型的分析及可视化可清晰地发现：喇嘛

洞召原寺院规模较大，由朝向不同的多组院落组成，各组院落之间有较大的高差变化，院落之间空间独立。全寺基本被处理成三组平面空间，第一层平面为前寺及周边僧舍，分建有天王殿三间，供奉四大天王；大经堂四十九间；楼两层，每层七楹；大殿二十五间，供奉弥勒佛、释迦牟尼、如来佛，殿前悬挂清朝钦赐的用蒙、满、汉、藏四种文字镌刻的金字"广化寺"匾额；另有欢喜殿、护法殿和供奉十八罗汉的东西八角楼。二层空间有以佛爷府为核心、辅之以配殿、禅房等的两进院落，以及与院落平行的多座（安葬历代活佛骨灰的）覆钵式佛塔。两组院落间设桥相接，巧妙地将西侧之水引过前后院落之间，既能避免山洪冲击前寺，又起到了分隔空间、弱化南北高差的作用。最后一层空间为建于银洞山陡壁中的后寺，为一座三层的藏式阁楼，正面面阔三间，建筑第三层与内供坐佛的银洞连为一体，为寺院的制高点和视觉中心。后寺有 124 级石阶连往山下的前寺，两侧悬崖有多尊摩岩造像。

　　通过 GIS 分析可得，寺院属于典型的复合轴线的布局形式，其前寺与后寺轴线方向平行，而佛爷府所处的次轴线则正对山崖之上的后寺，两轴呈约 32 度的夹角，虽然次轴院落尺度与主轴院落尺度相似，但其殿宇体量与配房尺度却明显较小，这是为了突出经堂所在的前寺院落空间主轴线的主体地位。三组空间逐层深入，院落空间的大小及朝向通过变化逐渐影响人的观景体验，形成了一种"放—收—放"的景观感知节奏，营造出逐步加强的朝圣氛围。并且由于地形条件，喇嘛洞召无法实现传统的集中式布局，因此分散式布局更为合适。建筑群的空间布局通过曲折的道路将各个建筑单体连接起来，形成曲线长轴，使景观序列更为丰富。例如，广化寺、佛爷府及喇嘛洞由一条轴线连接，该条纵轴不仅明确定义了寺院的路线，还有效地保护了周围的环境。

三、建筑单体

通过对喇嘛洞召三维实体模型可视化与分析可得：后寺为一座三层的藏式建筑，墙体略显粗糙，使整个建筑的外墙呈梯形，门窗较小，柱子是传统的藏式风格，屋顶为藏式平顶，使整个建筑更具藏式风格。窗户为传统的藏式设计及装饰，这也是藏式建筑的主要特点之一。为了适应山区气候和藏传佛教的教义，寺庙建筑的窗户通常是小窗或不开的盲窗，一般为外小内大的斗式形态。窗楣由两到三层短柱及横梁组成，上有石板、玛瑙或瓦片组成的小天棚，短柱及横梁是彩绘装饰的中心。它们被涂成红色、绿色和蓝色，并装饰了代表吉祥的图案，如盘肠纹、亚子纹、火珠纹。窗楣通常装有窗楣帘，以保护彩绘不受侵蚀，同时创造出与整体建筑形成动静结合的装饰效果。

四、建筑单体装饰

通过三维点云模型可见，广化寺大殿门板及壁画纹样较清晰可见。壁画由四副 2554.05 毫米 ×2954.50 毫米的长方形组成，依据壁画题材中的披帛、袈裟的式样及造像特征等分析，其属于明代漠南蒙古地区的造像风格，体现出了蒙古族的容貌特点及审美观，其不同于清代佛教造像的程式化，特点不显著。门扇由两扇 2626.21 毫米 ×1076.89 毫米的长方形门板组成，门扇的装饰包括门环、门扣、门钉、看叶、铺首等鎏金构件以及彩绘、金刚结等元素。这些元素被组合在一起，用来装饰门板，门板多为红色，带有金色元素。叶子和环形物比较庞大，而门环与铺首上往往刻有浮雕，多为复杂的动物形象装饰。门框通常是彩绘或雕刻的。与西藏地区高档厅堂传统的九层门框装饰相比，广化寺大雄宝殿正厅门框只有七层，主要是连珠、荷叶、卷草、倒挂等图案，通常在门框进行彩绘，而门框外侧则装饰"雀赞""佛龛"等雕刻图案。在门柱上方的左右两边和地板下方的门框上通常绘有梯形的黑边，由于广化寺建筑群是汉藏融合的风格，因此省略了西藏建筑的传统装饰，而藏族传统的省略与蒙古族的色彩审美密切相关。

第三节 乌素图召

乌素图，蒙古语，意为"有水的地方"。乌素图召位于呼和浩特西北郊外 10 千米处、大青山南麓的乌素图村西，始建于明万历三十四年（1606 年），由第一世察哈尔迪彦其呼图克图初建，又于清代多次修缮，形成了现今殿宇巍峨、亭楼峙立、依山就势、错落有致的藏传佛教召庙建筑群。作为内蒙古自治区现存最完整、规模最大的召庙建筑群之一，乌素图召的特点在于其一召多寺形制，即乌素图召涵括数座藏传佛教寺庙建筑群。

西乌素图召由毗邻相连的 7 座寺庙组成，即以庆缘寺为中心，东有长寿寺，西有东茶坊，东北有法禧寺，西北有药王寺，正北为罗汉寺，其北为法成广寿寺。清乾隆四十八年（1783 年），清廷御赐满、蒙、汉、藏四体"庆缘寺"匾额。庆缘寺管辖里素召（增福寺）、乔尔吉拉然巴召（法禧寺）两座属庙。

一、自然山水格局

通过三维实体模型剖面分析及 GIS 分析可见：乌素图召殿堂建筑群为典型的依山临水式自然山水格局，选择靠近水源建造寺庙是寺院选址较常见的一种方式。佛寺殿堂建筑通常采用木结构，易受火灾威胁，因此选址时要考虑安全因素，优先选择临近水源的位置。此外，依水而建的传统做法与民族信仰有关，即自然界的一切都有神灵，人们相信并寻求神灵的保佑。该寺院东边为平地，南侧有丘陵伴随水流，西边为高地，北侧有山地。藏族地区选址的方式与此类似，但更加简单、明确，也展现了不同文化相互融合的特点。总之，临水而建的选址方式是多元文化相互影响的结果。乌素图召整体地形存在 24.82 米的高差，因此观赏者站在庆缘寺望向白塔时呈 10 度仰角，可观赏到以庆缘寺主轴的建筑群，视线随着建筑群阶梯式的布局而逐渐抬升，营造出庄严、肃穆的氛围。

二、景观序列

通过对三维实体模型分析及可视化可以发现：乌素图召建筑群具有典型的合院落式布局，适合具有较复杂功能的寺庙。与传统的集中式布局不同，合院落式布局的寺庙有多重院落，每个院落都有自己独立的轴线，该类布局能够满足佛教寺庙建造时间的时期特征及自有规划土地的要求。在乌素图召建筑群中，寺庙以两座为一组，形成两个明显的南北轴线组，通过三维实体模型可得：庆缘寺建筑高差为 10.26 米、长寿寺建筑高差为 7.26 米、法禧寺建筑高差为 5.722 米、罗汉寺建筑高差为 4.95 米、广寿寺建筑高差为 1.58 米，五座寺庙呈现阶梯式布局，以庆缘寺为中心，其大雄宝殿相当于整个寺院的"措钦大殿"，庆缘寺与长寿寺、法禧寺相距一条宽度为 4 米的通道，庆缘寺与罗汉寺相距 10 米，与广寿寺相距 6.23 米，具有无形的中心力量。由于现有的许多寺院都是在庆缘寺之后建成的，在建筑布局上，散落在庆元寺周围的寺院及建筑均从其右侧逆时针方向围绕庆缘寺而建，形成一个辐射状的空间布局。

三、建筑单体结构与装饰

通过对三维实体模型可视化与分析发现：乌素图召建筑群中，庆缘寺大殿及法禧寺大殿的建筑风格是典型的汉藏结合式。庆缘寺大雄宝殿为该建筑群的主殿，也是规模最大的建筑，占地面积约为7272.94 平方米，位于庆缘寺第一进院落的中央位置，建于高约 2 米的石台基之上，面朝南方。该殿采用了歇山式屋顶，由前到后、由低到高，分为三层，佛殿屋顶最高处可达 13.80 米，最低处为 10.40 米。法禧寺占地面积为 2439.37 平方米，其大雄宝殿位于法禧寺的中轴线上，建于高约 1.6 米的石基之上，总占地面积为 269.24 平方米，建筑风格同为汉藏结合式的大殿。佛殿屋顶最高处可达 10.46 米，经堂屋顶高度为 7.48 米，室内空间采用藏式半封闭前廊，重檐顶部分为经堂，藏式平顶部分为佛殿，经堂与佛殿仍旧采用分隔式布局，装饰上融合了汉式前廊及汉式梁架结构，以及藏式元素。

第四节 赵北长城

赵北长城建于战国赵武灵王二十年至二十六年（公元前306 年～公元前 300 年），即赵雍倡导"胡服骑射"之后修筑的，因此也被称为赵武灵王长城。遗址蜿蜒于大青山南麓腰部的一块缓坡区，保存状态较差，呈现"蓬蒿伴土墙"的景象，亟待加强保护。现有遗址为一座夯土叠砌的烽火台，通过无人机测绘模型可得，现有长度约为 10.29 米，宽约为 11.90 米，占地面积约 123.261 平方米，体积为 277.459 立方米，残高 2.87 米。

长城遗迹由于年代久远，加上风雨侵蚀、人为破坏等原因，遭到了一定程度的损坏。跨越 2000 多年的岁月，赵北长城遗址与山势景物、植被树木已融为一体，遍布荒草的长城仿佛一座山里的土丘。上述情况通过重现模型可见一斑。通过模型精细化处理可以对遗址断面做进一步的分析，夯层如树的年轮般清晰可见，其间约有二十四个夯层。每个夯层为 8~10 厘米厚，虽然都是黄土夯制，但由于其中夹杂石料不同让各夯层颜色、肌理略有不同，体现了古代精湛的夯筑工艺。

第六章　内蒙古文化景观遗产数字化信息模型构建

第一节　循证分析

循证分析要求收集到的证据具有高科学性及高质量，并且能够充分有效地利用这些证据。循证分析分为以下六个步骤：①明确研究的目的、范围和问题，确定研究的目标和方法；②收集和整理相关的文献、调查数据、历史档案和地图等资料，并对其进行初步的筛选和分类；③通过文献阅读和数据分析，理解文化景观遗产的历史、文化和社会背景，并对其进行深入的研究和分析；④通过对文化景观遗产的分析确定其发展的模式和机制，分析其演化的规律及其影响因素，为文化景观遗产的保护和管理提供理论支持；⑤基于循证分析的结果提出相关建议和措施，包括文化景观遗产的保护、管理和传承等方面的具体措施和实施方案；⑥根据提出的建议和措施开展相应的工作，同时进行监测和评估，以确保所提出措施和方案的有效性和可行性。

基于循证分析的文化景观遗产分析需要同时考虑整体及局部，以及将实体模型与语义信息联系起来。对内蒙古自治区不同类型的文化景观遗产进行数据收集、数据提取、模型构建以及采用定量分析方法进行探讨,以发展多来源的证据层次。这一过程需要在结合现有文献的基础上,利用物联网、地理信息系统、三维仿真模拟和虚拟现实等技术,制定以数据收集、模型构建和定量分析为核心的循证分析技术方法。

一、数据采集与处理

现在国内已经初步发展出多种类型的遗产数字化采集技术,包括机载 Lidar、三维激光扫描、近景摄影测量等。通过应用数字孪生理论,设计试验研究与对比分析,总结出适用于内蒙古自治区文化景观遗产数据采集的技术方法(如无人机倾斜近景摄影测量、三维激光扫描、地面控制点等),这种数据收集方法将成为内蒙古自治区文化景观遗产数字化的主要技术支撑(图 6–1)。

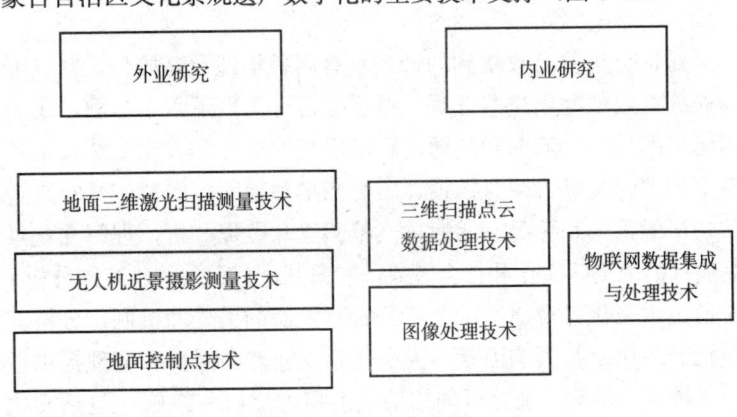

图 6-1 数据采集与处理

数据获取主要通过外业研究获得:首先,运用 DJI Phantom 4 RTK 无人机设备,从空中角度对研究对象的周围环境进行拍摄作业,获取无人机近景摄影测量数据;其次,运用 Faro FocusS 350 三维激光扫描仪设备,对建筑单体及其细部进行扫描,获得地面

第六章 内蒙古文化景观遗产数字化信息模型构建

三维激光扫描数据；最后，通过地面控制点定位其周围部分区域的测量。由于无人机的空中角度存在一定死角，无法做到面面俱到，因此需使用地面三维激光扫描技术对建筑细部进行补充，二者相互作用完善三维实景模型，而无人机近景摄影测量数据与地面三维激光扫描数据进行融合时，需要地面控制点校正二者位置信息，使无人机近景摄影测量数据与地面三维激光扫描数据处于同一坐标轴才可将二者数据进行融合。以喇嘛洞召为例，通过无人机近景摄影测量数据模型得出自然山水环境及景观序列等宏观层面信息要素；运用无人机近景摄影测量数据及地面三维激光扫描数据融合模型得出建筑单体中观层面信息要素；利用地面三维激光扫描数据模型得出建筑单体装饰微观层面信息要素。然而由于内蒙古自治区东西跨度较大、气候差异较为明显，因此该方案不通用于所有文化景观遗产，应根据研究对象的数据采集要求、条件及目的及时调整数据采集方案及采集技术。

数据处理工作主要以内业研究为主，主要通过软件 SCENE 对单独站点进行预处理、点云配准及数据融合，并运用图像处理技术对其数据进行处理。图像处理具体步骤如下：设置建筑的真实纹理，实现景观设计的实用化，模型颜色的渲染必须基于实际的场景图像，对协方 D_L 及 L_W 进行分解：

$$D_L = F\left[L_W^T\right] = FEF \qquad (6-1)$$

式中，E 表示特征值对角矩阵；F 表示正交矩阵，则线性增长矩阵为：

$$U = E^{-\frac{1}{2}}F \qquad (6-2)$$

通过以上分析，可以得到 s 协方差矩阵为：

$$D_s = F\left(ss^T\right) \qquad (6-3)$$

$$UF\{L_W L_W^T\} U = E^{\frac{1}{2}} F \qquad (6-4)$$

在图像预处理后,当景观图像被增强时,在频域中增强图像为:

$$K_{qwu} = \frac{c_{wep} \times g(a,b)}{y_{jui} \times d_{sg}} \qquad (6-5)$$

式中,h_{gtu} 描述了景观图像的灰度值的分布,获得新的图像灰度为:

$$c_{poi} = \frac{(a+n, b+m)}{(a,b) \times (a+n, b+m)} \qquad (6-6)$$

获取图像的灰色特征:

$$r_{yup} = \frac{e_{sgh} + v_{poi}}{u_{wer}} + e_{sgh} \qquad (6-7)$$

特征值按降序分布,选择数值大的特征值,得到降维后的对角矩阵 $\bar{E}$:

$$U = \bar{E}^{\frac{1}{2}} D \qquad (6-8)$$

在设计过程中,可以对景观图像进行预处理,去除噪声信息、冗余信息,收集及存储内蒙古自治区文化景观遗产图像,然后进行编码、转换及输出,用于显示或向其他处理器发送数字图像信号,为图像的显影做准备,在频域中增强图像:

$$K_{qwu} = \frac{c_{wep} \times g(a,b)}{y_{jui} \times d_{sg}} \qquad (6-9)$$

式中,d_{sg} 描述了景观图像灰度值的分布。

假设景观图像中各种灰度值的出现时间被设为 $\theta(a,b)$,则获得新的图像灰度值:

$$c_{poi} = \frac{(a+n, b+n)}{(a,b) \times (a+n, b+m)} \qquad (6-10)$$

假设图像的一阶微分函数为 v_{poi},景观图像的内在特征为 u_{wer},则获取图像的灰色特征:

$$r_{\text{yup}} = \frac{e_{\text{sgh}} \pm v_{\text{poi}}}{u_{\text{wer}}} \quad (6-11)$$

所述景观图像的边缘灰度对比度的增强函数为：

$$\varepsilon = \frac{\lambda_{\text{wepp}} \times \phi_{\text{uip}}}{g_{\text{tu}}} \quad (6-12)$$

式中，g_{tu} 是掩膜算子；g_{rty} 是低频段的纹理属性。

假设低频段范围内纹理属性的权重空间为 η_{xz}，则景观图像的特征增强方法如下：

$$\omega_{\text{po}} = \frac{M_{\text{pol}} \times \eta_{\text{xz}}}{Z_{\text{sdj}} \times K_{\text{qwu}}} \quad (6-13)$$

式中，Z_{sdj} 描述景观图像的结构信息。

经上述操作后，景观图像的观测向量 $s(t) = \left[s_1(t), s_2(t), \ldots, s_a(t)\right]$ 符合：

$$s(t) = \hat{U} L_{\text{W}}(t) \quad (6-14)$$

那么景观图像的独立分量的统计量 $z_j(t)$ 是：

$$z_j(t) = \left[\beta_{j1}, \beta_{j2}, \cdots, \beta_{ju}\right] \quad (6-15)$$

其中，β_{ja} 描述了景观图像的独立成分。

同时，利用图像处理技术还原图像颜色的主要方法是将原始图像的三维形状的颜色信息映射到三维虚拟模型中，该模型从数字层面上呈现修复效果，从而辅助修复。

相较于前人使用传统的测绘方式得到遗产信息二维图纸及相关图像资料而言，使用数字化测绘技术所得到遗产数据更为精准、人工成本及时间成本更低、图像资料色彩还原度更高。

二、模型构建

本章提出的方法论框架更加注重基于不同类型、年代、分辨率和精度，对不同建模技术和方法进行比较研究，并围绕三维实体模型体系和语义信息系统之间的有机关系进行数据采集技术的比较分析。同时，建模的技术方法与数据采集的方法密切相关，因此需要以综合的方式进行。构建内蒙古自治区文化景观遗产模型可为进一步的定量分析和虚拟修复奠定基础，提供保障（图6-2）。

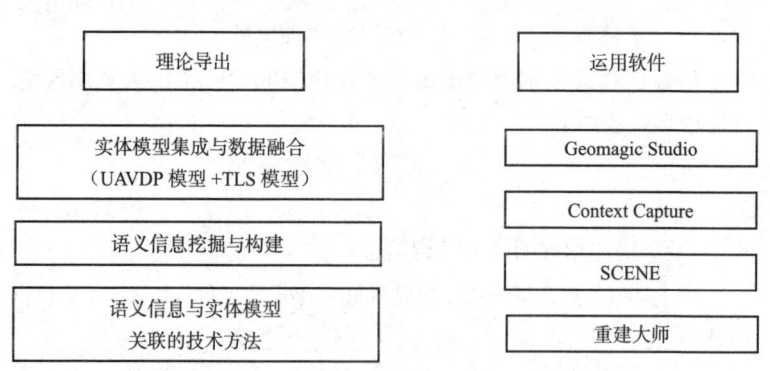

图6-2 模型构建

首先，将UAVDP测量数据校正于大地坐标系（WGS-84/UTM-zone-51N），运用Context Capture或重建大师将无人机近景摄影测量数据拼合构建三维实景模型。将TLS测量数据运用SCENE软件进行点云配准及预处理，构建点云模型。其次，将点云模型与大地坐标系精确对齐，即可完成UAVDP数据与TLS数据融合，也可使用地面控制点，并借助Geomagic Studio软件将UAVDP与TLS点云数据进行融合，即可得到二者数据融合模型。再次，从古籍、资料、书籍等文本及模型图像等数据中提取语义信息。最后，将提取出的语言信息用以解读实体模型，使语义信息与实体模型关联，从而体现地域文化。以喇嘛洞召大殿门框部分实体模型为例，对其门框彩绘部分进行语义信息解读，发现地域文化之间存在一定的差异性。

三、定量分析

基于文化景观遗产相关理论的定量分析研究旨在满足文化景观遗产保护与利用的需求。该研究涉及宏观、中观、微观三个尺度的分析，分别从内蒙古自治区文化景观遗产的山水格局、景观序列、空间关系、建筑单体等多个方面入手，以便更好地开展保护及利用研究（图6-3）。

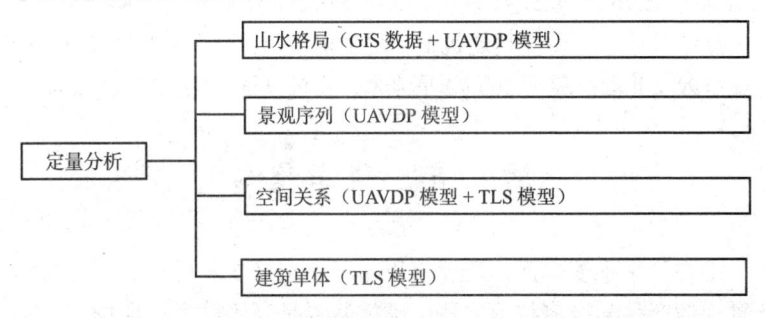

```
                    ┌── 山水格局（GIS 数据 + UAVDP 模型）
                    │
                    ├── 景观序列（UAVDP 模型）
    定量分析 ───────┤
                    ├── 空间关系（UAVDP 模型 + TLS 模型）
                    │
                    └── 建筑单体（TLS 模型）
```

图 6-3 定量分析

通过数据采集与处理、模型构建得出 GIS 数据、无人机近景摄影测量（UAVDP）数据模型及地面三维激光扫描（TLS）数据模型等数据研究成果，从宏观、中观、微观三个层面对自然山水格局、景观序列、空间关系及建筑单体等多个方面进行定量分析，总结出内蒙古自治区文化景观遗产定量分析的技术方法及其特征。以锡拉木伦庙为例，前人的相关研究依旧停留于二维图纸测绘及图像资料，对于较为宏观的布局关系方面的研究尚有缺失，且相关数据的准确性相较于数字化测绘而言存在一定的差异，而通过点云模型的分析与可视化处理可准确地得到以下数据：锡拉木伦庙地势呈现 2.57 度仰角，高差可达 4.33 米，寺院主体建筑群南北长 325 米、东西长 339 米，寺院空间布局以游览路线为导引，以密宗殿（面积 713 平方米、建筑最高高度 10.30 米、建筑最低高度

7.23 米)、护法殿（面积 352 平方米、建筑最高高度 8.15 米、建筑最低高度 7.23 米)、白塔（面积 16 平方米、高 6 米）等分布在寺院各处的主体建筑为节点，有别于汉地佛寺的中轴对称布局特征，建筑布局更加灵活多变、和谐自然，也充分展示了因地制宜的高超水平。另外，建筑墙体厚度可达 1024 毫米，立面多为梯形形态，如显宗殿底部为 33.18 米×23.40 米的矩形，面积为 776.41 平方米，顶部为 31.76 米×21.11 米的矩形，面积为 670.45 平方米，自下而上逐渐减小，从而使其建筑结构更加坚实。由于其建筑多为平顶，显宗殿女儿墙面积为 103.74 平方米，占外立面总面积的 19.42%。

第二节　科学推演

在科学推演方面，需要使用基于虚拟修复及展示技术的文化景观遗产科学推演技术方法。虚拟修复是利用数字孪生技术、系统、机制和修复证据等，在数字孪生平台上模拟内蒙古自治区文化景观遗产的一项仿真虚拟研究。遗产的展示与传承有两方面含义：一方面是通过合理的可视化减缓内蒙古自治区文化景观遗产的流失速度，另一方面是对数字化成果进行保存、分析和可视化，使之与后人共享，永续利用。

一、虚拟修复

基于上述模型构建及定量分析，可对内蒙古自治区文化景观遗产进行虚拟修复。通过使用图像处理技术、虚拟仿真技术等信息技术，结合遗产保护理念和修复证据，利用虚拟修复技术将受损的内蒙古自治区文化景观遗产恢复到特定时期的状态，从而保护这一遗产。未来，需要有效结合证据理论和发展周期，获取遗产文物的现状、损坏前的状况和建设初期的状况，组织多层次的

第六章 内蒙古文化景观遗产数字化信息模型构建

证据来源，建立虚拟修复系统，检验证据的可靠性，然而，处理和组织多层次的证据是一个复杂的问题，需要在未来内蒙古自治区文化景观遗产的虚拟修复中加以解决（图6-4）。

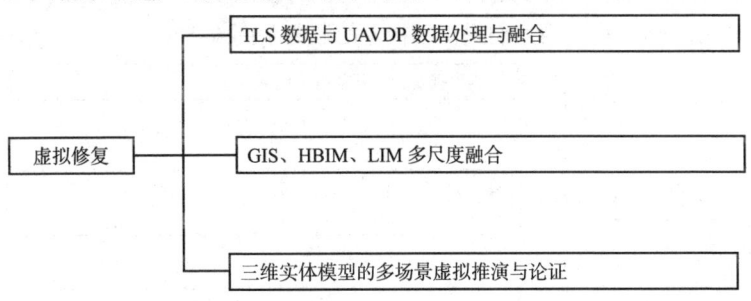

```
虚拟修复 ── TLS 数据与 UAVDP 数据处理与融合
        ── GIS、HBIM、LIM 多尺度融合
        ── 三维实体模型的多场景虚拟推演与论证
```

图 6-4 虚拟修复

二、展示及传承

在探索上述技术方法的基础上，可以内蒙古自治区文化景观遗产信息平台为原型，整合内蒙古自治区文化景观遗产的多维模型，探索不同信息技术的综合运用，其具体操作如下：

（1）建立文化遗产数字化档案：通过数字化技术，将文化遗产的历史、文化背景、相关图片和视频等信息记录下来，建立数字化档案。这可以帮助更好地传承和保护文化遗产。

（2）创建虚拟现实展示：通过虚拟现实技术创造沉浸式的体验，使游客能够更好地了解文化遗产。比如，可以建立虚拟博物馆或虚拟遗址，游客可以通过虚拟现实技术穿越时空，探索文化遗产。

（3）使用增强现实技术：通过增强现实技术将文化遗产的信息与实际环境相结合，打造交互式的体验。比如，可以使用增强现实技术在文化遗产附近的景点上添加虚拟元素，使游客能够更好地了解文化遗产的历史和文化背景。通过虚拟设计及3D打印等新技术转化形成系列文化创意产品，有助于科学、有效地展示和传播内蒙古自治区文化景观遗产，让那些收藏在禁宫里的文物、陈列在广阔大地上的遗产以及记载在古籍里的文字都能够以数字化方式活态化，为人们提供精神上的服务（图6-5）。

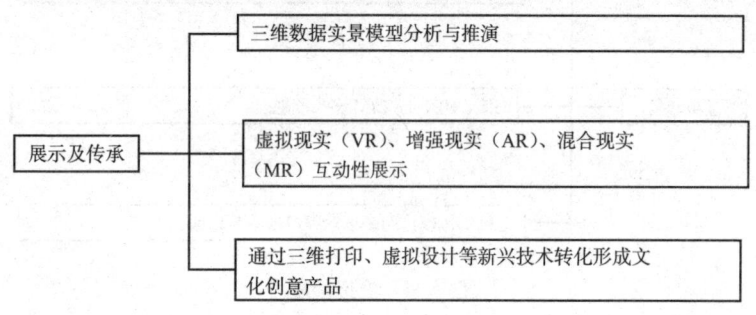

```
                 ┌─ 三维数据实景模型分析与推演

展示及传承 ──────┼─ 虚拟现实（VR）、增强现实（AR）、混合现实
                 │   （MR）互动性展示

                 └─ 通过三维打印、虚拟设计等新兴技术转化形成文
                    化创意产品
```

图 6-5　展示及传承

第三节　技术方案构建

基于上述方法框架体系，构建适宜内蒙古自治区文化景观遗产的保护和利用研究的技术方案。具体来说，该方案分为以下三个阶段。①利用多源收集方法对内蒙古自治区不同类型的文化景观遗产进行数据收集和存档；②对数据进行过滤、融合、模型构建和分析，以确定修复证据并建立证据等级；③根据证据系统中的三维实体模型和语义信息为不同类型的应用建立信息模型，实现保护对象的数字化整合。在三维空间中对遗产研究对象进行虚拟修复，并结合3R技术（虚拟现实技术、增强现实技术、混合现实技术）探索适宜的展示方法。上述过程将产生基于循证分析及科学推演的研究成果，可用于内蒙古自治区文化景观遗产的监测和管理、保护规划、修复和展览共享。

内蒙古自治区幅员辽阔、气候多变、信号基站覆盖尚有缺失，

第六章　内蒙古文化景观遗产数字化信息模型构建

因此，运用单一的技术手段进行数据采集具有一定的局限性，因此采取多源信息采集技术、参阅历史文献等手段相结合的综合方案进行数据采集及归档是十分必要的。内蒙古自治区具有较为浓厚的地域文化及地域特色，需要将采集到的相关数据结合地域文化及特色进行解读、筛选、分析等工作，从相关数据传递出的语义信息中挖掘复原证据。基于对语义信息模型及实体模型的认识构建不同的应用模型，从而达到对保护对象的数字集成化。由于内蒙古自治区文化景观遗产会因气候变化、风沙侵蚀等外部环境原因使其遗产相对脆弱，怎样在不对保护对象造成不可逆损伤的前提下满足游览者观赏的需求、提升对保护对象文化内涵的认识与理解是亟待解决的问题。而运用数字孪生技术可以有效解决上述问题，该技术可对保护对象展开虚拟修复、虚拟现实体验、沉浸式体验等。在此过程中所形成的循证分析及科学推演的成果可为保护对象提供虚拟复原、实时监测、修缮工程、展示与分享等功能。

第七章 结语

一、结果与结论

本书以内蒙古自治区文化景观遗产为研究对象，以锡拉木伦庙、喇嘛洞召、乌素图召、赵北长城文化景观遗产为案例研究区域，重点研究了如下内容：①基于文化景观遗产相关理论、景观学及数字孪生理论，系统分析信息技术作用于文化景观遗产保护与利用的内涵与优势，由于内蒙古自治区文化景观遗产面积较大、地区气候较为恶劣、遗产布局具有多样性，现有保护手段为单向地被动记录，因此重新考虑内蒙古自治区文化景观遗产保护和利用的信息技术方法的目标是通过在虚拟环境中进行全面的仿真模拟，实现内蒙古自治区文化景观遗产的科学保护和永续利用。这种方法不再是单向地采集和累积数据，而是通过主动模拟来实现更有效的保护和利用。②从整体的视角出发研究不同区域、类型、建造形式的内蒙古自治区文化景观遗产。选取乌素图召、锡拉木伦庙、赵北长城、喇嘛洞召四个较为典型的内蒙古自治区文化景观遗产作为研究案例，涉及不同时期、地区、建筑样式、景观序列的文化景观遗产，基本展现了内蒙古自治区文化景观遗产保护与利用的多样性与复杂性。③完善以循证分析与科学推演为主要方法的内蒙古自治区文化景观遗产的保护和利用方案。

本研究提出了完整地将三维数字化信息技术应用于内蒙古自

治区文化景观遗产的理念与方案,所得出的具体结果和结论如下:

1. 使用多源技术的综合测绘方式可提升工作效率及测绘结果的准确性

内蒙古自治区文化景观遗产作为测绘对象,其空间复杂、要素多样。采用传统的人工测量手段存在一定的局限性,如:测量结果有时会存在一定误差、无法达到精细化和准确化,人工测量时间成本较高,受天气因素影响较大。目前,近景摄影测量的数据采集、处理及三维模型重建操作的自动化程度较高,人工成本及时间成本较低,受天气因素影响较小。近景摄影测量中,连接点可以自动或半自动获得,这取决于待测物体的特征和测绘项目的需要。对于一个自由形态的物体,所有的特征都需要由密集的点云来准确描述,这可以通过自动图像匹配程序来实现,而对于一个三维物体,"基于运动的重建方法"越来越受欢迎。目前,大量图像的定位已经使近景摄影测量的自动化操作流程相当成熟。对于大多数不规则形状的物体,相机校准、图像定位、表面网格和材料映射等步骤可以在数据处理中完全自动化。然而,如果被测物体的点云数据很稀疏,或者收集的信息很少,不足以描述物体的三维数据,通常需要结合人工操作来重建被测物体的三维数据。

本研究基于上述多源数据采集技术与内蒙古自治区文化景观遗产的内容和特点,选取锡拉木伦庙、喇嘛洞召、乌素图召、赵北长城为研究案例,从测绘过程、数据处理、效果比较等方面对测绘方法的适用性进行分析,并最终制定出一套基于地面三维激光扫描、无人机近景摄影测量和地面控制点采集等多传感器、多技术相结合的综合测绘方案,进而检验多源技术的综合测绘方案的可信性,获得内蒙古自治区文化景观遗产景观要素的完整三维测绘数据。经实践及结果验证,该测绘方案在内蒙古自治区文化景观遗产测绘中是可行且适用的。同时,这也证明了为了提高工作效率、获得更好的测绘效果，内蒙古自治区文化景观遗产测绘应采用综合的三维数字化测绘方法，将多技术与多源数据相结合。现代三维数字化测绘相较于传统测绘方法具有所得到的数据精度高、人工成本低、非接触式测量、可视化强等优点，同时结合了虚拟现实及计算机三维数据处理技术，从而提高了研究工作效率。这种测绘方法不仅能够达到传统测绘方法难以达成的研究目标，而且能够实现精准有效的数据分析效果。

另外，本研究利用三维数字化测绘数据对建筑群、山水环境关系和景观序列等景观要素进行解析和说明，以锡拉木伦庙显宗殿柱子为例，其尺度数据相较于传统的手工测绘所得数据更加精细、准确，廊柱横截面为385毫米×385毫米、殿内柱子横截面236毫米×236毫米、柱高分为两种：2530毫米、5884毫米（正负误差小于等于0.1毫米）；显宗殿行至密宗殿的道路宽6米、长355米（正负误差小于等于0.1毫米）；密宗殿前的广场面积为10639.06平方米（正负误差小于等于0.1毫米），三维数字化测绘所获得的数据为内蒙古自治区文化景观遗产要素解析得到更系统、全面、准确的结果提供了基础和可能，是推动内蒙古自治区文化景观遗产解析和分析研究发展的必要手段。

2. 信息展示更全面

对内蒙古自治区文化景观遗产进行数字化测绘进而获得的三维数据信息模型是对文化景观遗产领域景观要素分析的基础。内蒙古自治区文化景观遗产各部分的三维数据及系统化解析结果，对保护、研究及传播内蒙古自治区文化景观遗产具有重要意义。进一步处理这些素材以构建信息模型是保护、传承与发展内蒙古自治区文化景观遗产的基础。

运用三维数字化技术可使文化景观遗产信息展示突破传统的"远观式"展示方式，其效果更真实、直观，可以模拟真实场景，使观众获得更加直观、真实的体验。观众可以通过不同的角度、距离观察文化景观遗产对象，以更好地理解其特征、结构及历史背景，并且通过展示中的文字、图片、音频、视频可以获取更加丰富、详尽的信息。因此，本书提出了利用多学科领域的信息模型理念及多种信息技术，从微观、中观到宏观对内蒙古自治区文化景观遗产各类信息进行综合展示，即综合利用 HBIM、3D GIS 等技术对内蒙古自治区文化景观遗产信息进行分析与解读，从而展示更全面的文化景观遗产信息。

3. 运用数字孪生理论及方法实现遗产"活态化"

基于文化景观遗产保护与利用的本质需求和景观设计理论，首先说明信息技术在内蒙古自治区文化景观遗产保护与利用中的作用和重要性；其次运用数字孪生理论与方法，结合新型信息技术发展趋势，探索内蒙古自治区文化景观遗产保护与利用的方法框架。该方法框架包含两个关键部分："循证分析"与"科学推演"。基于该方法框架进一步构建面向内蒙古自治区文化景观遗产保护与利用研究的技术方案，并以较为典型的内蒙古自治区文化景观遗产为例说明该技术方案的具体应用方式及路径。该方法框架及技术方案的提出不仅立足于解决内蒙古自治区文化景观遗产体量较为庞大、地区气候较为恶劣、景观要素分布较为分散、数字化表现与外形等问题，还要揭示内蒙古自治区文化景观遗产的内涵与实质，有助于从根本上实现对内蒙古自治区文化景观遗产体系的有效保护与永续利用。

自然灾害、环境污染、快速城市化和无序的旅游开发带来的快速景观变化造成了文化景观遗产空间特征的消失，而基于感性经验与定性描述的传统景观分析方法无法应对这种快速变化，同时由于保护手段缺乏科学性和定量化，文化景观遗产空间特征保护缺失已经成为其核心价值丧失的重要原因之一。数字化技术正逐步成为文化景观遗产保护的日常工具，为空间管理的方法带来革命性的变化。基于当代前沿空间信息技术，以内蒙古自治区文化景观遗产的空间模式为研究对象，建立一套适用于内蒙古自治区文化景观遗产空间模式数字化识别的操作方法和相关技术参数体系，即创新性引入三维点云技术、无人机近景摄影测量等技术，从多个尺度范围开展空间数据采集与分析，构建了多传感器集成平台下文化景观遗产空间信息采集与分析工作流程。通过在典型案例中开展数据实验，建立了文化景观遗产空间信息分析变量集合及相应的技术参数体系，验证了点云数据及相关技术在文化景观遗产空间模式识别中的技术优势与应用前景，提出了一种直观、准确及多维度的空间模式识别方法。相较于传统空间信息采集方法，本研究所建立的新途径在采集范围、采集效率、采集精度、数据成果应用范围等方面具有较大的提升。数字化技术的使用能够极大地提升文化景观遗产研究与保护的科学性，精准的三维空间数据可以弥补传统二维线画图的不足，并提升空间信息采集的效率及自动化程度。运用点云模型可以直接对景观空间特征进行可视化，无须再次人工转换和建模，提升了模型精度并节约了研究成本。本研究成果能够支撑内蒙古自治区文化景观遗产空间特征定量化研究，有助于探明文化景观遗产空间特征的本质及核心价值，为解读内蒙古自治区文化景观遗产智慧提供全新的视角与工具。

二、思考与展望

将三维数字化信息技术应用于内蒙古自治区文化景观遗产研究意义重大，但受气候、环境等因素限制，其面临的问题和挑战也是复杂和严峻的。对于内蒙古自治区文化景观遗产的研究，目前还是以传统的研究手段和方法为主，且保护方式为单向被动的记录，本书运用三维数字化信息研究的理念，构建内蒙古自治区文化景观遗产三维数字化信息研究的理论体系，倡导三维数字化信息技术与景观设计学学科研究相结合，推动内蒙古自治区文化景观遗产研究或景观设计学学科研究进入三维数字化信息时代。但是，在内蒙古自治区文化景观遗产三维数据的获取、测量数据的处理和测量结果的可视化表达等为基础进行的内蒙古自治区文化景观遗产各要素的解析、信息模型的构建及信息系统的搭建，以及后续的内蒙古自治区文化景观遗产信息进一步分析与利用等一系列环节，可以充分说明将三维数字化信息技术应用于内蒙古自治区文化景观遗产的研究体系是较为庞大且复杂的。

1. 三维数字化测绘方面

近三十年来，随着现代化数据获取手段的不断发展，三维数字化测绘技术，包括三维激光扫描与近景摄影测量等，已经成为快速发展的热门领域。针对不同的测绘对象、工作条件及研究目的，选择适宜的测绘技术和与方法，并制定合理的测绘方案，仍是数字化测绘领域的热门话题及难点。从单一仪器与设备的使用，到多技术、多源数据的综合测绘方法的应用，测绘工作的效率及效果都得到了极大的提升，但同时也带来了更多的挑战及复杂性。与传统的测绘、资料管理及研究方法相比，三维数字化测绘需要更大的投入，包括人力、经济、时间等方面的投入，以及数据与信息的精度、类型、体量等方面的产出，同时也需要考虑项目整体的效率等因素。因此，需针对研究的具体目的、需求与特点，选择并设计最合理的三维数字化方案及流程。本研究针对内蒙古自治区文化景观遗产的特点及需求进行分析，发现其无法仅运用单一的设备完成数据采集，因此使用多种设备共同作业的综合测绘方案，将地面三维激光扫描、无人机近景摄影测量及地面控制点等技术相结合使用。虽然该方案已经过详细分析及论证，但它仅可作为内蒙古自治区文化景观遗产三维数字化测绘工作的一个参考。受内蒙古自治区地域辽阔、东西跨度较长、气候环境差异较大等因素的影响，该方案不能直接应用于所有文化景观遗产对象，甚至无法通用于不同测量目的、要求及条件的同一遗产对象。

数字化测绘设备及软件技术仍在不断发展。因此，在今后的研究中，内蒙古自治区文化景观遗产三维数字化测绘需要跟上技术发展的步伐，根据不同对象、目的、要求或条件进行不断研究、提升与推进。

2. 信息模型利用方面

内蒙古自治区文化景观遗产的数据量比较大，涉及面广，内容详细，后期使用范围广。在展示方面，信息系统可以提供信息查询、现场查看、动态展示等功能，使内蒙古自治区文化景观遗产得以被广泛利用。然而，这需要综合考虑影响、成本和时间等因素，但这往往是遗产保护的关键问题。在实践中，由于预算控制的复杂性，遗产保护有时只能在临时的基础上进行，甚至监测也很困难。基于上述现状，在信息时代背景下，本文构建的内蒙古自治区文化景观遗产保护与利用的技术方案是一种理论探讨，在探讨过程中衍生出以下两个有待进一步研究的问题：

第一，本研究探讨了内蒙古自治区文化景观遗产的数字化信息模型的构建，包括多源数据采集、建模、定量分析、虚拟修复和遗产可视化等信息技术。该方法框架以景观设计学及文化景观遗产理论等为基础，这是一个技术问题，也是一个理论和方法论问题。因此，今后需要进一步研究和突破，完善内蒙古自治区文化景观遗产保护和利用的信息技术方法框架。

第二，由于内蒙古自治区文化景观遗产已经历数十年风雨的洗礼，一些遗迹的修复证据已经丢失，给虚拟修复带来了极大的挑战。因此，有必要使用多种工具来收集足够的修复证据，并利用虚拟修复系统予以整理，以进行虚拟修复。这个过程是基于理论和方法上的，例如从多个来源重建三维数据，从多种类型的证据进行推理，以及应用证据层次理论，这些都需要在未来进行理论上的探索和实践验证。

参考文献

[1] 杨晨,韩晓蓉.巴拉瑞特2.0:城市历史景观数字化遗产信息服务系统研究[J].中国园林,2020,36(10):29–34.

[2] 蒋怡辰,卢航.意大利农业文化遗产保护与再生策略——以米兰广域市为例[J].中国园林,2020,36(12):117–122.

[3] 郭黛姮.关于文物建筑遗迹保护与重建的思考[J].建筑学报,2006(6):21–24.

[4] 韩锋.文化景观——填补自然和文化之间的空白[J].中国园林,2010,26(9):7–11.

[5] 王毅.文化景观的类型特征与评估标准[J].中国园林,2012,28(1):98–101.

[6] 史艳慧,代莹,谢凝高.文化景观:学术溯源与遗产保护实践[J].中国园林,2014,30(11):78–81.

[7] 毕雪婷,韩锋.文化景观价值的解读方式研究[J].风景园林,2017(7):100–107.

[8] 罗婧,韩锋.城市历史景观历史脉络及概念分析[J].全球城市研究(中英文),2021,2(3):105–115,191.

[9] 任伟,杨晨.有机演进遗迹类文化景观世界遗产的特征与启示——基于国际案例的分析[J].自然与文化遗产研究,2021,6(5):53–60.

[10] 曹礼刚,王绪本,马丽丽,等.数字化考古交互式三维场景

复原研究 [J]. 计算机工程与设计，2008（2）：490–492，495.

[11] 刘千里，李春友，柳瑞武，等. 多基线数字近景摄影测量系统在古典园林建筑物三维重建中的应用 [J]. 西北林学院学报，2009，24（4）：224–227.

[12] 薛彩霞，杨威，张璟. 园林三维数字化测绘研究与应用 [J]. 现代测绘，2011，34（5）：53–55.

[13] 宋俊华，王明月. 我国非物质文化遗产数字化保护的现状与问题分析 [J]. 文化遗产，2015（6）：1–9，157.

[14] 杨晨. 遗产景观信息模型初探 [C].// 中国风景园林学会. 中国风景园林学会2016年会论文集. 同济大学建筑与城市规划学院景观学系，2016：5.

[15] 戴代新，金雅萍，齐承雯. 城市文化景观文档工作研究——以上海复兴公园为例 [J]. 风景园林，2017（7）：108–116.

[16] 孙政，曹永康. 基于消费级无人机采集图像的摄影测量在建筑遗产测绘中的精度评估——以吉祥多门塔为例 [J]. 建筑遗产，2017（4）：120–127.

[17] 刘通，黎展荣. 基于无人机三维重建现状模型的风景园林设计研究与教学探索 [J]. 风景园林，2018，25（6）：130–134.

[18] 杨晨，韩锋. 数字化遗产景观：基于三维点云技术的上海豫园大假山空间特征研究 [J]. 中国园林，2018，34（11）：20–24.

[19] 李鹏昊. 无人机遥感技术下历史建筑信息模型构建——以宁夏银川市拜寺口双塔为例 [J]. 建筑与文化，2019（11）：68–70.

[20] 李舒静. 信息化测绘背景下基于BIM技术的建筑遗产信息采集与表达 [D]. 天津：天津大学，2014.

[21] 邢天，李晓颖，孙新旺. LIM技术在风景园林设计中的应用研究——以连云港市刘志洲山体育公园为例 [J]. 设计，2019，32（13）：70–72.

[22] 曹杰，朱蓉.基于 LIM 应用的无锡近代园林可持续更新规划设计研究——以横云山庄保护规划为例 [J].门窗，2017（4）：120–122.

[23] 赖文波，杜春兰，贾铠针，等.景观信息模型 (LIM) 框架构建研究——以重庆大学 B 校区三角地改造为例 [J].中国园林，2015，31（7）：26–30.

[24] 梁慧琳.苏州环秀山庄园林三维数字化信息研究 [D].南京：南京林业大学，2018.

[25] 李珂.基于 HBIM 的嘉峪关信息化测绘研究 [D].天津：天津大学，2016.

本书受 2021 年度内蒙古自治区自然科学基金项目《内蒙古文化景观遗产数字化研究》（项目编号：2021BS05009）、2021 年度教育部产学合作协同育人项目《内蒙古文化景观遗产数字化实践基地建设》（项目编号：202102185022）、2023 年度内蒙古自治区文化和旅游发展研究课题《基于数字化技术的内蒙古文化景观遗产保护与利用路径研究》（课题编号：2023-WL0028）共同资助，且为上述 3 项课题的阶段性研究成果。感谢教育部高等教育司、内蒙古自治区科学技术厅、内蒙古自治区文化和旅游厅以及内蒙古师范大学的资金支持和政策指导。同时感谢所有为本书出版付出辛勤劳动和提供无私帮助的人。